30 DIAS
PARA **MUDAR** SEUS **HÁBITOS** E SUA **VIDA**

30 DIAS PARA MUDAR SEUS HÁBITOS E SUA VIDA

Marc Reklau

Estratégias simples para conquistar a vida que você deseja

figurati

SÃO PAULO, 2020

30 dias para mudar seus hábitos e sua vida
30 days – Change your habits, change your life
Copyright © 2020 by Marc Reklau
Copyright © 2020 by Novo Século Editora Ltda.

Edição em língua portuguesa exclusiva para o Brasil mediante acordo com Montse Cortazar Literary Agency (www.montsecortazar.com). Todos os direitos reservados.

GERENTE DE AQUISIÇÕES: **Renata de Mello do Vale**
COORDENAÇÃO EDITORIAL: **Nair Ferraz**
TRADUÇÃO: **Carolina Caires Coelho**
PREPARAÇÃO: **Iracy Borges**
REVISÃO: **Flávia Cristina de Araujo**
CAPA E DIAGRAMAÇÃO: **Bruna Casaroti**

Texto de acordo com as normas do Novo Acordo Ortográfico da Língua Portuguesa (1990), em vigor desde 1º de janeiro de 2009.

Dados Internacionais de Catalogação na Publicação (CIP)
Angélica Ilacqua CRB-8/7057

Reklau, Marc
  30 dias para mudar seus hábitos e sua vida: estratégias simples para conquistar a vida que você deseja / Marc Reklau; tradução de Carolina Caires Coelho. -- Barueri, SP: Figurati, 2020.

  Título original: 30 Days – Change your habits, change your life

  1. Autoajuda 2. Crescimento pessoal 3. Sucesso 4. Mudança de hábitos I. Título II. Caires, Carolina

20-1453   CDD-158.1

Índice para catálogo sistemático:
1. Autoajuda 158.1

uma marca do
Grupo Novo Século

Alameda Araguaia, 2190 – Bloco A – 11º andar – Conjunto 1111
CEP 06455-000 – Alphaville Industrial, Barueri – SP – Brasil
Tel.: (11) 3699-7107
www.gruponovoseculo.com.br | atendimento@gruponovoseculo.com.br

Este livro foi desenvolvido para fornecer informações e motivação aos nossos leitores.

É vendido com o entendimento de que o editor não está comprometido a oferecer nenhum tipo de aconselhamento psicológico, jurídico ou profissional.

As instruções e conselhos deste livro não buscam substituir a orientação profissional. O conteúdo de cada capítulo é a expressão e opinião de seu autor. Nenhuma garantia está expressa ou implícita pela escolha do autor e do editor para incluir qualquer conteúdo nesta obra.

Nem o editor nem o autor serão responsáveis por quaisquer danos físicos, psicológicos, emocionais, financeiros ou comerciais, incluindo – mas não se limitando a – danos especiais, incidentais, consequenciais ou outros danos. Nossos pontos de vista e direitos são os mesmos:

Você deve testar tudo por si mesmo, de acordo com seus talentos e aspirações.

Você é responsável por suas próprias decisões, escolhas, ações e resultados.

Marc Reklau
Visite meu site em www.marcreklau.com

> "O começo é a parte mais importante do trabalho."
>
> Platão

Baixe suas planilhas de coaching em:
http://www.goodhabitsacademy.com

e/ou inscreva-se na minha série por e-mail GRATUITA

Desafio 30 dias para mudar seus hábitos e sua vida
http://eepurl.com/bPwAuX

Agradecimentos

Obrigado ao meu pai (*in memoriam*), que, à sua maneira, contribuiu para que eu me tornasse a pessoa que sou hoje. À minha mãe Heidi, por me dar o livro que mudou minha vida há cerca de 25 anos, ensinando-me valores e deixando que eu vivesse sem nenhuma chantagem emocional quando tive que seguir meu coração, pela primeira vez e por todas as vezes depois da primeira. Minha avó – por ser uma das minhas melhores amigas e por me dar abrigo quando eu precisava. Meu primo Alexander Reklau, que – quando tinha 16 anos – disse palavras muito sábias que se tornaram parte da minha história de vida e provavelmente me salvaram: "Meu pai fez da vida dele o que quis; eu vou fazer da minha o que quero!". Ouvi essas palavras dois anos depois de enterrar meu pai e decidi viver com elas desde então.

Meus amigos Pol e Inma por me deixarem ficar na casa deles na linda ilha de Ibiza. Um lugar maravilhoso para deixar fluir as energias criativas.

Minha editora Gisela, que ajudou-me a aperfeiçoar o livro.

Meu amigo e mentor Stefan Ludwig, que me dá conselhos há mais de dez anos. Meu amigo Claudio – sempre presente. Sabrina Kraus, Mari Arveheim e Marc Serrano Ossul por seus comentários durante o processo de escrita. Meu próprio coach, Josep Anguera que, com suas habilidades, contribuiu para que eu me soltasse depois de 5 anos de estagnação. Talane Miedaner, cujo livro *Coach yourself to success* foi meu primeiro contato com treinamento, e a aplicação de algumas das dicas que ela sugeriu mudou minha vida drasticamente.

Obrigado a todos os meus clientes por confiarem em mim, por me tornarem parte de seu enorme crescimento e por me darem a oportunidade de crescer com vocês todos.

Por último, mas não menos importante, obrigado a todos que conheci ao longo do caminho. Vocês foram amigos ou professores, ou as duas coisas!

SUMÁRIO

Introdução 10

1. Reescreva sua história 13
2. Autodisciplina e compromisso 15
3. Assuma total responsabilidade por sua vida! .. 17
4. Escolhas e decisões 21
5. Escolha seus pensamentos 24
6. Em que você acredita? 26
7. A importância de sua atitude 30
8. Perspectiva é tudo 32
9. Tenha paciência e nunca desista! 34
10. Aprenda a "Mentalidade de Edison" 36
11. Familiarize-se com a mudança e o caos! 39
12. Concentre-se no que deseja, não no que lhe falta! .. 41
13. Cuide de suas palavras 43
14. Novos hábitos, nova vida! 45
15. Conheça a si mesmo 47
16. Conheça seus quatro principais valores! 52
17. Conheça seus pontos fortes 54
18. Honre suas conquistas passadas 56
19. Escreva seus objetivos e alcance-os! 58
20. Próximo! 62
21. Evite ladrões de energia 64
22. Gerencie seu tempo 66
23. Comece a se organizar! 69
24. Diga "NÃO" a eles e "SIM" a si mesmo 71
25. Acorde cedo! Durma menos! 73
26. Evite a mídia de massa 75
27. Você "tem que" ou você "escolhe" fazer? 77
28. Enfrente seus medos! 79
29. Elimine tudo que incomoda você 82
30. Limpe seu armário 84
31. Desapego e tolerância andam de mãos dadas .. 86
32. A hora mais importante 88
33. Encontre seu propósito e faça o que ama 91
34. Faça uma caminhada todos os dias 94
35. Quais são seus padrões? 95
36. Adote uma atitude de gratidão! 97
37. A mágica da visualização 99
38. E se? 101
39. Solte o passado 103
40. Celebre suas vitórias! 105
41. Seja feliz AGORA! 106
42. Ser multitarefa é uma mentira! 108
43. Simplifique sua vida 109
44. Sorria mais! 112
45. Comece a adotar as *power naps* 114
46. Leia durante meia hora por dia 115
47. Comece a economizar 116

48 Perdoe a todos que lhe prejudicaram 118
49 Chegue dez minutos mais cedo 120
50 Fale menos, ouça mais! 121
51 Seja a mudança que você deseja ver no mundo! 122
52 Pare de tentar e comece a fazer! 124
53 O poder das afirmações 125
54 Escreva 25 vezes por dia 127
55 Pare de dar desculpas 128
56 Mantenha as expectativas baixas e brilhe 130
57 Crie o seu dia ideal 132
58 Aceite suas emoções 134
59 Faça agora! 137
60 Finja até conseguir 139
61 Mude sua postura 140
62 Peça o que deseja 142
63 Ouça sua voz interior 144
64 Escreva em seu diário 146
65 Pare de choramingar! 148
66 Torne-se um receptor! 150
67 Pare de gastar tempo com as pessoas erradas! 152
68 Viva sua própria vida 154
69 Quem é o número um? 156
70 Seu melhor investimento 158
71 Pare de ser tão duro consigo mesmo 160
72 Seja autêntico 162
73 Mime-se 164
74 Trate seu corpo como o templo que ele é! 165
75 Exercite-se pelo menos três vezes por semana 167
76 Tome uma atitude. Faça as coisas acontecerem 169
77 Desfrute mais 171
78 Pare de julgar! 173
79 Um ato de bondade aleatório todos os dias 174
80 Resolva seus problemas, todos eles 176
81 O poder da meditação 178
82 Ouça boa música – diariamente! 180
83 Não se preocupe 181
84 Use seu tempo de locomoção com sabedoria 183
85 Passe mais tempo com sua família 184
86 Não seja escravo do seu telefone 186
87 Como lidar com problemas 187
88 Tire uma folga 189
89 Um ponto alto todos os dias 191
90 Saia da sua "zona de conforto" 192
91 Que preço você está pagando por NÃO mudar? 194
92 As coisas são apenas temporárias 196
93 Encontre um coach! 199
94 Viva sua vida plenamente. AGORA! 201

Preciso da sua ajuda 204
Uma última coisa... 205
Leve as etapas simples de *30 dias* para sua empresa 206
Sobre o autor 207

Introdução

> Se você pensa que pode, está certo, se pensa que não pode, está certo."
> Henry Ford

Olhe à sua volta. O que você vê? Olhe para o seu entorno, para a atmosfera e para as pessoas ao seu redor. Pense nas condições de sua vida atual: trabalho, saúde, amigos, as pessoas que o cercam. Como elas são? Você está feliz com o que vê? Agora olhe para dentro de você. Como se sente AGORA, neste momento? Você está satisfeito com a sua vida? Está desejando mais? Acredita que pode ser feliz e bem-sucedido? O que está faltando na sua vida para que você possa dizer que ela é feliz e/ou bem-sucedida? Por que algumas pessoas parecem ter tudo e outras pessoas nada? A maioria das pessoas não tem ideia de como elas conseguem o que recebem. Alguns de nós colocam a culpa no destino e no acaso. Sinto muito por ter que ser quem vai lhe dizer: "Desculpe, amigo! Você criou a vida que tem! Tudo o que acontece com você é criado por você – conscientemente por atitude ou inconscientemente por padrão; não é resultado do destino ou das circunstâncias."

Eu decidi escrever este livro porque estou vendo muitas pessoas que sonham em melhorar a vida, ser mais felizes, mais ricas; mas, de acordo com elas, a única maneira de isso acontecer seria por meio de algum tipo de milagre: se ganhassem na loteria, se casassem com alguém rico ou por algum outro golpe de sorte. Elas estão procurando influências externas que aconteçam por acaso para mudar tudo. Elas acham que a vida acontece com elas. A maioria delas não tem ideia de que pode estar no total controle de sua vida a cada momento e todos os dias. Então continuam sonhando acordadas, fazendo as coisas que sempre fizeram e esperando algum resultado milagroso. Às vezes, elas nem sabem o que querem! A seguinte conversa realmente aconteceu:

P: "O que você faria se tivesse tempo e dinheiro suficientes?"
R: "Cara! Isso seria bom! Eu seria feliz!"
P: "E como seria 'ser feliz' para você?"
R: "Eu faria tudo o que quisesse!"
P: "E o que é 'tudo o que você quer fazer'?"
R: "Ah! Agora você me pegou. Eu nem sei!"

A verdadeira tragédia é que, se elas parassem por um momento, perguntassem **o que de fato querem na vida**, anotassem seus objetivos e começassem a trabalhar para realizá-los, poderiam realmente fazer esses milagres acontecerem. Eu vejo isso dia após dia com meus clientes de coaching: pessoas que vêm a mim porque querem mudar alguma coisa na sua vida, e, em vez de ficarem sentadas, esperando e sonhando com uma vida melhor, elas de fato tomam as rédeas da situação e começam a agir! E os resultados são fabulosos!

Lembre-se: Você está levando a vida que escolheu! Como? Isso ocorre porque criamos nossa vida a cada momento por meio de nossos pensamentos, crenças e expectativas, e nossa mente é tão poderosa que nos dá o que pedimos. O bom é que você pode treinar sua mente para lhe dar apenas as coisas que você quer, e não as coisas que não quer! E fica ainda melhor: você pode aprender a lidar com as coisas que não pode controlar de forma mais eficiente e menos dolorosa.

Tenho estudado os princípios do sucesso e o que fazer para alcançar a felicidade há quase 25 anos. O que eu sempre soube subconscientemente tornou-se um método estruturado que usa ferramentas e exercícios de coaching. Mais do que nunca, estou convencido de que o sucesso pode ser planejado e criado. Para os céticos que pensam que tudo isso é bobagem metafísica, observem o enorme progresso que a ciência fez e como agora pode provar muitas coisas que apenas 25 anos atrás não podiam ser provadas. A mensagem mais importante neste livro é: **Sua felicidade depende de VOCÊ, e de mais ninguém!**

Neste livro, quero apresentar algumas dicas, truques e exercícios comprovados que podem melhorar sua vida além do que você pensa, **se você praticá-los constante e persistentemente**. Mais boas notícias: não é preciso ganhar na loteria para ser feliz! Você pode começar fazendo poucas coisas em sua vida de maneira diferente e de um jeito constante e consistente, e com o tempo os resultados aparecerão. É assim que meus clientes de coaching alcançam resultados incríveis: criando novos hábitos e trabalhando para obter seus objetivos de forma consistente e fazendo coisas que os aproximem de seus objetivos todos os dias. É possível! Você consegue! Você merece!

Contudo, além de ler o livro, é preciso fazer mais. Você tem que tomar uma ATITUDE! Essa é a parte mais importante – e também é a parte com a qual eu mais tive dificuldades por muitos e muitos anos. **Você tem que começar a praticar os exercícios e introduzir novos hábitos em sua vida.** Se estiver muito curioso, leia o livro inteiro uma vez com uma caneta ou lápis e um caderno na mão para fazer anotações, se quiser. Depois, leia o livro uma segunda vez – é quando a borracha entra em ação – e agora comece a fazer alguns dos exercícios e a introduzir novos hábitos em sua vida. Se fizer os exercícios deste livro de forma regular e consistentemente, sua vida mudará para melhor! Especialistas no campo dos ensinamentos de sucesso, coaching e programação neurolinguística concordam que leva de 21 a 30 dias para implementar um novo hábito. Trinta dias que podem fazer a diferença em sua vida. Trinta dias de trabalho consistente em si mesmo e em seus hábitos podem transformar tudo ao redor – ou, no mínimo, deixar você em uma posição melhor. Tente, pelo menos! Coloque em prática alguns dos exercícios por pelo menos 30 dias. Faça aqueles que lhe pareçam mais fáceis. Se não der certo, escreva-me um e-mail com sua reclamação para *marc@marcreklau.com*.

Também forneci algumas FOLHAS DE TRABALHO na minha página inicial.

Faça o download e **DIVIRTA-SE!**

1 Reescreva sua história

❝ Mude a maneira como você olha para as coisas e as coisas para as quais você olha mudarão."
Wayne W. Dyer

A primeira vez que entrei em contato com essa ideia foi quase 25 anos atrás, enquanto lia o livro de Jane Robert, *Seth speaks*. Seth diz que **você é o escritor, diretor e protagonista da sua história. Então, se você não gosta de como a história está se desenrolando... mude!** Naquela época, eu pensei que essa era uma ideia reconfortante, tentei e vivi assim desde então – nos bons e nos maus momentos. **Não importa o que aconteceu no seu passado. Seu futuro é uma folha em branco!** Você pode se reinventar! Todo dia traz consigo a oportunidade de iniciar uma vida nova! Você escolhe sua identidade a cada momento! Então, quem você vai ser? Cabe a si mesmo decidir quem vai ser a partir de hoje. O que você vai fazer?

Se realizar algumas das coisas sugeridas neste livro, criar novos hábitos e fizer apenas alguns dos muitos exercícios que encontrará aqui, as coisas começarão a mudar. **Não será fácil e você precisará ter disciplina, paciência e persistência.** Mas os resultados virão.

Em 2008, quando o técnico do Barcelona, Josep "Pep" Guardiola, assumiu a equipe que estava em um estado deplorável, ele disse às 73 mil pessoas presentes no estádio e aos milhões de telespectadores da televisão catalã, em seu discurso de posse: "Não podemos prometer títulos, o que podemos prometer é esforço e que vamos persistir, persistir, persistir até o fim. Apertem os cintos – vamos nos divertir." Esse discurso deu início ao período mais bem-sucedido nos 115 anos de história do clube, e poucas pessoas acham que aquilo pode ser repetido. A equipe venceu 3 campeonatos nacionais, 2 copas nacionais, 3 Supercopas da Espanha, 2 Supercopas da Europa, 2 Ligas dos Campeões e 2 Campeonatos Mundiais de Clubes em seus 4 anos de domínio no futebol mundial. (Se você não acompanha o futebol, isso é como uma equipe medíocre da NFL vencer 4 Superbowls seguidas).

Eles reescreveram sua história.
Agora é sua vez. Faça algum esforço e persista, persista, persista!
Não desista! Aperte o cinto e divirta-se!

2. Autodisciplina e compromisso

> " Foi o caráter que nos tirou da cama, o compromisso que nos levou à ação e a disciplina que nos permitiu realizar."
> Zig Ziglar

> " Se você não pode fazer grandes coisas, faça pequenas coisas de uma maneira grande."
> Napoleon Hill

Este é um dos primeiros capítulos porque será a base do seu futuro sucesso! Seu caminho para o êxito e a felicidade estão profundamente conectados à sua força de vontade e compromisso. Esses traços de caráter vão decidir se você fará o que disse que faria e se chegará ao fim. Eles o manterão no caminho de seus objetivos, mesmo quando tudo parecer ir contra você. **Autodisciplina é fazer as coisas que você precisa fazer, mesmo que não esteja com disposição para isso.** E se treinar para ser autodisciplinado e tiver vontade de ter sucesso, pode fazer grandes coisas na vida. Mas mesmo se não tiver nenhuma autodisciplina agora, não se preocupe. Pode começar a treinar sua autodisciplina e força de vontade a partir deste momento! A autodisciplina é como um músculo. Quanto mais você treiná-lo, melhor ele se torna. Se sua autodisciplina está fraca no momento, comece a treiná-la, estabelecendo objetivos pequenos e alcançáveis. Anote o sucesso que tiver e lembre-se de que você não tem limites – apenas aqueles que estabelece para si.

Visualize os benefícios que terá no final do caminho: por exemplo, se quiser correr às 6 da manhã e simplesmente não consegue sair da cama, imagine como se sentirá bem quando estiver no nível de condicionamento físico em que deseja estar e como estará bem fisicamente. Então pule da cama, vista sua roupa de corrida e vá! Lembre-se: **este livro só funcionará se você tiver vontade e disciplina para fazê-lo funcionar!**

Quanto vale sua palavra? Leve seus compromissos a sério! Porque não cumprir seus compromissos tem uma consequência terrível: você perde energia, perde clareza, fica confuso ao longo do caminho, perde os objetivos e, pior ainda, perde a autoconfiança. E até a sua autoestima é afetada! Para evitar isso, você deve tomar consciência do que é importante para si mesmo e agir de acordo com seus valores.

Um compromisso é uma escolha! Comprometa-se apenas com o que quer de verdade. Isso pode significar menos compromissos e mais "NÃOs". Se você se comprometer, mantenha seu compromisso, independentemente do que aconteça. Dê a eles a importância e o valor que merecem e esteja ciente das consequências de não mantê-los.

Hora de agir! Responda às seguintes perguntas:

Em que áreas você não tem autodisciplina no momento? Seja completamente honesto.

Que benefícios você terá com mais autodisciplina?

Qual será o primeiro passo para alcançar seu objetivo?

Anote seu plano de ação em pequenas etapas. Estabeleça prazos para si mesmo.

Como você saberá se alcançou seu objetivo de ter mais autodisciplina nesses prazos que você estabeleceu acima?

3
Assuma total responsabilidade por sua vida!

❝ O desempenho máximo começa quando você assume total responsabilidade pela sua vida e por tudo o que lhe acontece."

Brian Tracy

❝ A maioria das pessoas não quer liberdade de fato, porque a liberdade envolve responsabilidade, e a maioria das pessoas tem medo de responsabilidade."

Sigmund Freud

Existe apenas uma pessoa responsável por sua vida e essa pessoa é VOCÊ! Não seu chefe, não seu cônjuge, não seus pais, não seus amigos, não seus clientes, não a economia, não o clima. VOCÊ! No dia em que paramos de culpar os outros por tudo que acontece em nossa vida, tudo muda! Assumir a responsabilidade por sua vida é tomar as rédeas da vida e se tornar o protagonista dela. Em vez de ser vítima das circunstâncias, você obtém o poder de criar suas próprias circunstâncias ou, pelo menos, o poder de decidir como vai agir diante das circunstâncias que a vida lhe apresenta. Não importa o que acontece em sua vida; importa qual atitude você adota. E a atitude que você adota é sua escolha!

Se você coloca a culpa da sua situação de vida em outras pessoas, o que tem que acontecer para tornar sua vida melhor? Todos os outros têm que mudar! E isso, meu amigo, eu lhe digo, não vai acontecer. Se é o protagonista, VOCÊ tem o poder de mudar as coisas de que não gosta na sua vida! Você está no controle de seus pensamentos, de suas ações e de seus sentimentos. Você está no controle de suas palavras, das séries que assiste na TV e das pessoas com quem passa seu tempo. Se não gosta dos seus resultados, mude sua opinião – seus pensamentos, emoções e expectativas. Pare de reagir aos outros e comece a responder. A reação é automática. Responder é escolher conscientemente sua resposta.

Você toma as rédeas de sua vida, e o que acontece?
Uma coisa terrível: ninguém para culpar – Erica Jong

A vítima diz: Tudo de ruim na minha vida é culpa dos outros, mas **se você não faz parte do problema, também não pode fazer parte da solução** ou, em outras palavras, se o problema for causado a partir de fora, a solução também estará do lado de fora. Se chegar atrasado no trabalho por causa do "trânsito", o que tem que acontecer para que você possa chegar na hora? O trânsito tem que desaparecer magicamente! Porque, enquanto houver trânsito, você sempre vai se atrasar. Ou pode agir como um protagonista e sair de casa com antecedência o suficiente para chegar na hora certa. Então depende de você.

Assim, mais uma vez: mesmo que não tenha controle sobre os estímulos que o ambiente envia a você continuamente, tem a liberdade de escolher seu comportamento para enfrentar a situação.

A pessoa com uma "mentalidade de vítima" apenas reage, é sempre inocente, e constantemente culpa os outros pela situação de sua vida, enquanto usa o passado como justificativa e coloca suas esperanças em um futuro que de forma milagrosa trará soluções para os problemas ou uma mudança em outras pessoas que estão causando os problemas.

O protagonista sabe que é o responsável, escolhe um comportamento adequado e se responsabiliza. Ele usa o passado como uma experiência valiosa para aprender, vive no presente no qual vê constantes oportunidades de mudança, decide e vai atrás de seus objetivos futuros. A pergunta mais importante é: "Quem você vai escolher ser – por meio de suas ações – quando a vida lhe apresentar essas circunstâncias?"

Gandhi disse muito bem: "Eles não podem tirar o nosso respeito próprio se nós não o entregarmos".

	Responsabilidade reativa (vítima)	Responsabilidade proativa (protagonista)
Diálogo interno e externo	Eu dependo de fatores externos. Não posso mudar nada. A vida acontece.	Eu inicio a mudança. A vida acontece, mas eu escolho meu comportamento.
Foco	Fora de mim. Eu me concentro em desculpas (crise, idade, não é um bom momento).	Dentro de mim encontro opções e força de escolha. O sucesso depende apenas de mim (p. ex., mudar de emprego).
Problemas	Eu me concentro em problemas. Todo mundo está errado. Eu estou certo. Eu procuro causas externas.	Eu me concentro em soluções. Eu ajo naquilo em que detenho controle e aceito quando não detenho.
Sorte × influência	A vida não é justa, não dá para influenciá-la. É só uma questão de sorte.	A sorte não existe. Eu me concentro nas oportunidades e, se precisar, as crio. Tudo depende do trabalho dedicado.

Responda às seguintes perguntas:

Quem você está culpando por sua situação de vida agora? (Seu parceiro? Seu chefe? Seus pais? Seus amigos?)
O que aconteceria se você parasse de culpar os outros pelo que acontece a você em sua vida?
O que aconteceria se você deixasse de ser vítima das circunstâncias?
É confortável para você ser vítima?
Quais são os benefícios de você ser uma vítima?
O que aconteceria se você parasse de sofrer na vida e tomasse a decisão de mudá-la?
O que você mudaria?
Por onde você poderia começar?
Como você começaria?

Passo para ação:

Escreva cinco coisas que você pode fazer na próxima semana para começar a mudar o rumo e a assumir as rédeas de sua vida.

4 Escolhas e decisões

> " Quando você toma uma decisão, o universo conspira para que ela aconteça."
> Ralph Waldo Emerson

Talvez você tenha ouvido falar que sua vida é o resultado das decisões que toma. Como se sente em relação a isso? É verdade para você? É importante que, de agora em diante, você esteja ciente do poder que tem sobre sua vida por meio da tomada de decisões!

Toda decisão e toda escolha têm uma influência importante em sua vida.

De fato, sua vida é um resultado direto das escolhas e decisões que você tomou no passado, e toda escolha traz uma consequência! Comece a fazer escolhas melhores. **Lembre-se de que você escolhe seus pensamentos e até seus sentimentos.**

O mais importante é tomar decisões. Se a decisão está certa ou errada é um fator secundário. Em breve você receberá um feedback que vai ajudá-lo a progredir. Quando tomar uma decisão, vá em frente e assuma as consequências. Se estava errado, aprenda com o erro e perdoe a si mesmo, sabendo que naquele momento – e com o conhecimento que você tinha – foi a melhor e mais certa decisão a tomar.

SUA ATITUDE + SUAS DECISÕES = SUA VIDA

Victor Frankl foi um psicólogo judeu, preso nos campos de concentração da Alemanha durante a Segunda Guerra Mundial. Ele perdeu a família toda, exceto sua irmã. Sob essas circunstâncias terríveis, ele se tornou ciente do que chamou de "a liberdade humana máxima", que nem mesmo a prisão nazista conseguiu tirar dele: eles podiam controlar suas circunstâncias externas, **mas em última instância era ele quem escolhia como essas circunstâncias o afetariam!**

Ele descobriu que entre ESTÍMULO e REAÇÃO havia um pequeno espaço no tempo no qual ele tinha a liberdade de ESCOLHER sua REAÇÃO! Isso significa que, mesmo que você não consiga controlar as circunstâncias que a vida lhe apresenta, sempre pode *escolher* sua reação ao enfrentar tais circunstâncias e fazer isso terá um enorme impacto em sua vida.

Em outras palavras, o que nos machuca não é o que nos acontece, mas nossa reação perante o que nos acontece. O mais importante é como nós REAGIMOS ao que acontece em nossa vida. E isso é uma ESCOLHA!

Você quer ser mais saudável? Faça melhores escolhas em relação a alimentação e exercícios. Você quer ter mais sucesso? Tome melhores decisões sobre as pessoas que o cercam, o que lê e o que vê. Não há desculpas!

Perdoe-me se não acho que sua situação de vida seja pior do que a de Victor Frankl quando ele fez essa descoberta: para mim, ser judeu em um campo de concentração alemão na Segunda Guerra Mundial é o pior que pode haver.

Responda às seguintes perguntas:

Quais decisões você poderia tomar hoje para começar a mudar? Você escolherá ser mais flexível? Mais positivo? Mais saudável? Mais feliz?

Passos para ação:

Escreva pelo menos três mudanças que você deseja fazer hoje:
1 _____
2_____
3_____

Leia o livro de Viktor Frankl, *Em busca de sentido*.

5
Escolha seus pensamentos

> " O universo é mudança; nossa vida é o que nossos pensamentos criam."
>
> Marco Aurélio

> " Você está hoje onde seus pensamentos o trouxeram; você estará amanhã aonde seus pensamentos o levarem."
>
> James Allen

Se quiser melhorar sua vida, a primeira coisa a fazer é melhorar seus pensamentos. Eles criam sua realidade, por isso é melhor que você os tenha sob controle! Ao controlá-los, você acaba controlando sua vida e seu destino. Portanto, observe-os de vez em quando. A frase da pacifista Peace Pilgrim, "Se você percebesse como seus pensamentos são poderosos, nunca formularia um pensamento negativo" diz tudo: não fique preso a pensamentos negativos. Substitua-os por pensamentos positivos como "tudo vai ficar bem" sempre que eles surgirem.

Pense positivo! Uma pessoa que pensa positivamente não é uma sonhadora que acha que não há problemas na vida. Na verdade, essa pessoa reconhece que problemas são oportunidades de crescimento e sabe que eles só têm o significado que recebem. **Ter pensamento positivo é ver a realidade como ela é, aceitá-la e fazer o melhor possível.** Não deixe seus pensamentos dominarem você, em vez disso, domine-os e controle sua qualidade de vida. Treine sua mente para se concentrar apenas em coisas positivas, criativas e pensamentos inspiradores. Se treinar sua mente assim por um tempo, verá que as circunstâncias de sua vida também mudarão. Você é o criador de seus pensamentos, mas não é os seus pensamentos. Eles são energia e a energia segue o pensamento. Pensamentos criam emoções, que criam comportamentos, que criam ações, e essas ações têm consequências em sua vida diária.

PENSAMENTO → EMOÇÃO → COMPORTAMENTO → AÇÃO

Seus pensamentos dependem de suas crenças sobre a vida. Se você não gosta do que está recebendo, então observe o que está enviando! Tudo que está em sua vida foi criado por seus pensamentos, expectativas e crenças. Então, analise-os! Se você mudar suas crenças, obterá novos resultados!

Pratique um pensamento com bastante frequência para que se torne uma crença, e seu comportamento e ações seguirão por esse caminho. Por exemplo, se você constantemente se preocupa por não ter dinheiro suficiente, vai criar comportamentos baseados no medo. Será limitado. Você tentará se apegar ao dinheiro que tem em vez de jogar para ganhar.

Passos para ação:

Tente não ter pensamentos negativos por 48 horas. Bloqueie-os assim que surgirem e substitua-os por pensamentos positivos de amor, paz e compaixão. Mesmo que pareça difícil no começo, mantenha-se firme. Ficará mais fácil. Em seguida, tente isso por 5 dias e, finalmente, uma semana. Depois, analise e responda: O que mudou em sua vida desde que você começou a pensar de modo positivo?

6
Em que você acredita?

> "Estas são minhas últimas palavras para você. Não tenha medo da vida. Acredite que vale a pena vivê-la e sua crença ajudará a criar esse fato."
> William James

> "As condições exteriores da vida de uma pessoa sempre refletirão suas crenças interiores."
> James Allen

Em que você acredita? Isso é extremamente importante porque, em última análise, suas crenças criam sua realidade! Você cria o que acredita e seu mundo é apenas sua interpretação da realidade. Em outras palavras, não vemos o mundo como ele é, mas como fomos condicionados a vê-lo. Nossa percepção é apenas uma aproximação da realidade. Nossos mapas da realidade determinam a maneira como agimos mais do que a própria realidade. **Cada um de nós vê o mundo através das lentes de suas próprias crenças.** Isso parece bobagem para você? Eu também pensava assim até que cursei dois semestres de Psicologia e aprendi sobre o **efeito placebo, o efeito Pigmaleão e as profecias de autorrealização.** Estudos sobre esses assuntos mostram como são fortes nossos pensamentos e crenças! Mas o que é uma crença? É o consciente e as informações inconscientes que aceitamos como verdadeiras. Robert Dilts define crenças como julgamentos e avaliações sobre nós mesmos, sobre os outros e sobre o mundo à nossa volta. Uma crença é um padrão de pensamento habitual. Quando uma pessoa acredita que algo é verdadeiro (seja verdade ou não), ela age como se fosse e, coletando fatos para provar a crença mesmo que seja falsa.

As crenças são como uma profecia autorrealizável. Elas funcionam assim: **suas crenças influenciam suas emoções, suas emoções influenciam suas ações e suas ações influenciam seus RESULTADOS!** Dependendo de seu sistema de crenças, você vive sua vida de uma maneira ou de outra.

Quero que você perceba que a vida não acontece a você, simplesmente! É um reflexo de suas crenças, pensamentos e expectativas. Se você quiser mudar sua vida, primeiro deve mudar seus padrões de pensamento.

Mesmo que as crenças venham da programação da primeira infância para a maioria de nós, somos capazes de mudá-las. **Ninguém pode impor suas crenças a você.** Sempre é você quem, em última instância, pode permitir que uma crença seja verdadeira para si ou não! Acreditar em si mesmo é uma atitude. É uma escolha! Lembre-se do que Henry Ford disse! Se você acha que não vai conseguir, se acha que é impossível, não vai conseguir nem se seu esforço for enorme. Por muitas décadas, foi considerado impossível que o homem pudesse correr uma milha em menos de 4 minutos. Havia até trabalhos científicos e estudos sobre o assunto. Esses estudos poderiam ser rasgados em 6 de maio de 1954, quando Roger Bannister provou que todos estavam errados em uma corrida em Oxford. A partir de então, mais de 1.000 pessoas conseguiram.

Recomendo fortemente que você deixe de lado crenças limitantes, como:

- Não se pode ser totalmente feliz, pois sempre há algo que dá errado.
- A vida é dura.
- Demonstrar emoções é para pessoas fracas.
- A oportunidade bate à porta apenas uma vez.
- Estou desamparado e não tenho controle sobre minha vida.
- Não mereço.

- Ninguém me ama.
- Não consigo.
- É impossível.
...

E adote algumas crenças empoderadoras, como:

- Eu crio meu destino.
- Ninguém pode me machucar se eu não permitir.
- A vida é ótima!
- Tudo acontece por uma razão.
- Tudo vai ficar bem.
- Eu consigo!

Responda às seguintes perguntas:

O que eu acredito ser verdade sobre mim mesmo?
Quais são minhas crenças sobre dinheiro?
Quais são minhas crenças sobre meus relacionamentos?
Quais são minhas crenças sobre o meu corpo?

Para mudar uma crença, siga este exercício e diga a si mesmo:

1. Esta é apenas minha crença sobre a realidade. Não significa que seja a realidade.
2. Embora eu acredite nisso, não é necessariamente verdade.
3. Crie emoções opostas à crença.
4. Imagine o contrário.
5. Esteja ciente de que a crença é apenas uma ideia que você tem sobre a realidade e não a própria realidade.

6. Por apenas 10 minutos por dia, ignore o que parece ser real e aja como se seu desejo se tornasse realidade. (Imagine-se gastando dinheiro, sendo saudável, mais bem-sucedido etc.)

Exercício alternativo:

1. Escreva a crença limitante.
2. Lembre-se da sequência: crença – emoção – ação – resultado.
3. Para obter um resultado diferente, de que maneira você precisa agir?
4. Como você precisa se sentir para agir de maneira diferente e obter um resultado diferente?
5. Em que você precisa acreditar para se sentir diferente, agir de forma diferente e obter um resultado diferente?

7
A importância de sua atitude

> Tudo pode ser tirado de um homem, exceto uma coisa: a última das liberdades humanas – escolher a atitude de alguém em qualquer conjunto de circunstâncias."
>
> Victor Frankl

Sua atitude é crucial para sua felicidade! Ela pode mudar drasticamente sua maneira de ver as coisas e também sua maneira de encará-las. Você sofrerá menos na vida se aceitar as regras do jogo. A vida é feita de riscos e lágrimas, luz e sombra. Você tem que aceitar os maus momentos, mudando sua maneira de olhar para eles. Tudo o que acontece com você é um desafio e uma oportunidade ao mesmo tempo.

Olhe para o lado positivo das coisas da vida, mesmo nas piores situações. Há algo de bom escondido em todos os aspectos ruins – embora às vezes possa levar algum tempo para descobri-lo.

Vou dizer-lhe novamente: não é o que acontece na sua vida que é importante; é o modo como você reage ao que lhe acontece que forma a sua vida! A vida é uma cadeia de momentos – alguns felizes, outros tristes – e depende de você aproveitar ao máximo cada um desses momentos. Sua esposa o deixou? Então você será infeliz para sempre ou vai sair e conhecer novas pessoas? Perder o emprego pode abrir novas portas.

Muitos anos atrás, todos os professores e pensadores positivos de sucesso descreveram essa situação da seguinte maneira: "Se a vida lhe der um limão, adicione açúcar e faça uma limonada". Leitores mais jovens podem dizer que "se a vida lhe der um limão, peça um pouco de sal e tequila". Você entendeu, certo?

Por exemplo, algumas atitudes saudáveis são:
- Permita-se cometer erros e aprender com eles.
- Admita que existem coisas que você não sabe.
- Ouse pedir ajuda e deixe que outras pessoas o ajudem.
- Diferencie o que você fez em sua vida até agora e o que você quer fazer ou, melhor ainda, o que fará a partir de agora!

Passo para ação:

Pense em uma situação negativa e transforme-a.

8 Perspectiva é tudo

> "O otimista vê a rosquinha, o pessimista vê o buraco."
> Oscar Wilde

> "Um pessimista é alguém que reclama do barulho quando a oportunidade bate à porta."
> Oscar Wilde

William Shakespeare disse: "Nada em si é bom ou mau, tudo depende daquilo que pensamos". Coloque as coisas em perspectiva! Quanto mais perto do problema e quanto mais à frente dele você estiver, menos o verá. Dê um passo atrás e tenha uma visão mais global disso. Entenda como você se sente diante do problema e avalie a real importância dele. Até mesmo ver o problema como um desafio será útil! Toda experiência negativa em sua vida tem algo de bom – procure! Se criar o hábito de sempre procurar o bem em todas as situações, você mudará a qualidade de sua vida drasticamente.

As próprias experiências são neutras até começarmos a dar significado a elas. Sua visão do mundo e sua perspectiva "decidem" se algo é "bom" ou "ruim". O que pode ser uma grande tragédia para você pode ser um alerta para que eu tome as rédeas da minha vida e prospere. No coaching, usamos o que é chamado de "reformulação" para mudar a perspectiva que um cliente tem de um acontecimento. Um dos meus favoritos é transformar "Falha" em "Feedback" ou "Experiência de aprendizado".

Como você se sente ao dizer "Eu falhei terrivelmente no meu último relacionamento"? Agora tente dizer: "Eu aprendi muito com meu último relacionamento, tenho certeza de que não voltarei a cometer os mesmos erros!".

Consegue sentir a diferença? Veja outros exemplos de reformulação:

Estou sem emprego	Tenho tempo de pensar no que quero fazer para ganhar a vida
Estou doente	Purificando, dando um descanso para o meu corpo
Eu sou assim mesmo	Posso procurar uma nova perspectiva
Não consigo	Vamos ver quais opções tenho
Impossível	Possível
Problema	Desafio/oportunidade para crescer
Fracasso	Experiência de aprendizado
Eu tenho que/eu deveria	Eu decido/Eu vou
Eu tento	Eu faço
Sempre	Até agora
Nunca	Às vezes

Passo para ação:

Escreva pelo menos cinco situações em sua vida que você considerou negativas, mas, com o tempo, viu que tirou delas algo de bom.

9
Tenha paciência e nunca desista!

> " Nossa maior fraqueza está em desistir. A maneira mais certa de ter sucesso é sempre tentar apenas mais uma vez."
> Thomas Alva Edison

> " O sucesso não é o final, e o fracasso não é fatal: é a coragem de continuar que conta."
> Winston Churchill

Perseverança é mais importante do que talento, inteligência e estratégia.

Há uma grande virtude em nunca desistir. Quando a vida não transcorrer de acordo com o planejado, siga em frente, por menores que sejam seus passos. **Os dois principais hábitos que determinarão se você vai ter sucesso ou fracasso, mudança real ou permanência no mesmo lugar são a paciência e a perseverança.**

É totalmente possível que, antes do sucesso, possa haver alguns obstáculos no seu caminho. Se seus planos não derem certo, considere-os uma derrota temporária, não um fracasso permanente. Crie um novo plano e tente novamente. Se o novo plano também não funcionar, altere-o, adapte-o até que funcione. Esse é o ponto em que a maioria das pessoas desiste: Elas não têm paciência e persistência na elaboração de novos planos! Mas cuidado. **Não confunda isso com a persistência de seguir um plano que não funciona!** Se algo não funcionar... mude! **Persistência significa firmeza para alcançar seu objetivo.** Quando você encontrar obstáculos, tenha paciência. Quando você experimentar um revés, tenha paciência. Quando as coisas não estiverem acontecendo, tenha paciência. Não jogue seu objetivo fora ao primeiro sinal de infortúnio ou oposição.

Pense em Thomas Edison e suas dez mil tentativas de fazer a lâmpada. Falhe até ter sucesso, como ele fez! A persistência é um estado da mente. Cultive-o. Se você cair, levante-se, sacuda a poeira e continue avançando em direção ao seu objetivo.

O hábito da persistência é construído da seguinte maneira:

1. Tenha um objetivo claro e o desejo ardente de alcançá-lo.
2. Faça um plano com clareza e aja de acordo com as etapas diárias da ação.
3. Seja imune a todas as influências negativas e desencorajadoras.
4. Tenha um sistema de apoio de uma ou mais pessoas que incentivem você a seguir com suas ações e a perseguir seus objetivos.

10
Aprenda a "Mentalidade de Edison"

> " Eu falhei até conseguir."
>
> Thomas Alva Edison

> " É difícil fracassar, mas é pior nunca ter tentado obter sucesso."
>
> Theodore Roosevelt

Vamos falar sobre o fracasso! Esse assunto é muito importante e, no entanto, muito incompreendido! Paulo Coelho acerta na mosca quando diz: "Só existe uma coisa que torna impossível realizar um sonho: o medo de fracassar." O medo do fracasso é o assassino número um dos sonhos, mas por quê? Por que temos tanto medo do fracasso? Por que não podemos pensar como Napoleão Hill, que dizia que "toda adversidade, todo fracasso, todo sofrimento carrega consigo a semente de um benefício igual ou maior"? Em outras palavras, como nossa vida mudaria se pudéssemos ver exatamente o fracasso como Napoleon Hill fez? **Por que não vê-lo como uma experiência de aprendizado que é necessária para o crescimento e que nos fornece informações e motivação?** O que aconteceria se você pudesse abraçar completamente a ideia de que, na realidade, o fracasso é um sinal que aponta para o progresso?

Aprenda a "Mentalidade de Edison". O próprio Thomas Edison disse coisas como "eu falhei até conseguir" ou "Eu não falhei. Só descobri 10.000

maneiras que não funcionam". Foi isso o que permitiu que ele trouxesse muitas de suas invenções para nós. O homem simplesmente não desistiu!

Aceite seus erros como feedback e aprenda com eles! Felizmente, quando crianças, não tínhamos a mentalidade que muitos de nós desenvolvemos quando adultos – porque, se tivéssemos, não saberíamos sequer andar! Como aprendemos a andar? Caindo muitas vezes e sempre se levantando novamente. Infelizmente, em algum lugar ao longo da estrada assumimos a ideia de que o fracasso é algo terrível. E como resultado disso, hoje em dia falhamos uma vez e depois paramos de fazer as coisas simplesmente porque não deu certo da primeira vez, porque fomos rejeitados, porque nosso empreendimento não deu certo de imediato.

AGORA é a hora de mudar sua mentalidade em relação ao fracasso! Por que não olha para ele dessa maneira de agora em diante: **Toda falha é um grande momento da nossa vida porque nos permite aprender e crescer a partir dela!**

Atualmente, cada vez mais empresas estão mudando para uma nova mentalidade, permitindo que seus funcionários cometam erros, porque notaram que, se as pessoas têm medo de errar, a criatividade e a inovação morrem, e o progresso da empresa diminui. No fim das contas, isso se resume a:

O sucesso é o resultado de decisões corretas. Decisões corretas são o resultado de experiência, e a experiência é o resultado de decisões erradas.

Aqui está a história de um famoso "fracasso" que literalmente falhou em seu caminho para o sucesso:

- Perdeu o trabalho, 1832
- Derrotado para a legislatura, 1832
- Falhou nos negócios, 1833
- Eleito para a legislatura, 1834
- Companheira (Ann Rutledge) morreu, 1835
- Teve um colapso nervoso, 1836
- Derrotado para parlamentar, 1838
- Derrotado para indicação ao Congresso, 1843

- Renomeação perdida, 1848
- Rejeitado para oficial de terras, 1849
- Derrotado para o Senado, 1854
- Derrotado para nomeação a vice-presidente, 1856
- Novamente derrotado para o Senado, 1858
- Presidente eleito, 1860

Essa é a história de **Abraham Lincoln**, um homem que não classificaríamos exatamente como um fracasso, não é?
E aqui estão algumas outras falhas famosas:
Michael Jordan: cortado de seu time de basquete do ensino médio.
Steven Spielberg: rejeitado na escola de cinema três vezes.
Walt Disney: demitido pelo editor de um jornal por falta de ideias e de imaginação.
Albert Einstein: aprendeu a falar tarde e tinha desempenho ruim na escola.
John Grisham: seu primeiro romance foi rejeitado por dezesseis agentes e doze editoras.
J.K. Rowling: era uma mãe solteira divorciada que dependia de ajuda do Estado enquanto escrevia Harry Potter.
Stephen King: seu primeiro livro, *Carrie, a estranha,* foi rejeitado 30 vezes. Ele o jogou no lixo. Sua esposa o tirou do lixo e o incentivou a tentar novamente.
Oprah Winfrey: demitida de seu trabalho como repórter na televisão por ser "inadequada para a TV".
Os Beatles: informados por uma gravadora que eles "não tinham futuro no show business".

Responda às seguintes perguntas:

Você fracassou nos últimos anos?
O que você aprendeu a partir disso?
Qual foi o seu resultado positivo?

11
Familiarize-se com a mudança e o caos!

" Esteja disposto a se sentir desconfortável. Fique à vontade para estar desconfortável. Pode se tornar difícil, mas é um preço pequeno a pagar por viver um sonho."

Peter McWilliams

O caminho para o sucesso passa por mudanças e caos. Para o crescimento pessoal, você tem que estar em um estado constante de desconforto. **Adquira o hábito de fazer coisas que os outros não querem fazer.** Você tem que optar por fazer o que precisa ser feito, independentemente da inconveniência! Isso significa: perdoar em vez de guardar rancor, esforçar-se mais em vez de dizer que não pode ser feito; assumir 100% da responsabilidade pelo seu comportamento em vez de culpar os outros.

Muitos de nós pensam que, para mudar nossas vidas, precisamos fazer grandes mudanças e, em seguida, ficamos impressionados com a imensidão da tarefa e acabamos não fazendo nada, permanecendo presos aos nossos velhos hábitos. A resposta é: pequenos passos! Comece a mudar coisas diminutas que não exigem um grande esforço, e essas pequenas mudanças acabarão por levar a mudanças maiores.

Comece mudando o caminho para chegar ao trabalho, o restaurante aonde você vai para almoçar ou conhecer novas pessoas.

Passos para ação:

1. Realize algo que faça você se sentir um pouco desconfortável todo dia.
2. O que você vai mudar amanhã? Sua rotina diária? Exercício? Vai comer de modo mais saudável?

12
Concentre-se no que deseja, não no que lhe falta!

> " É durante nossos momentos mais sombrios que devemos nos concentrar para ver a luz."
>
> Aristóteles Onassis

A principal razão pela qual as pessoas não estão conseguindo o que querem é que elas nem sabem o que querem. A razão número dois é que enquanto elas estão dizendo a si mesmas o que querem, estão se concentrando no que não querem. E aquilo em que nos concentramos... se expande! Lembre-se de focar o que você quer a partir de agora! Onde está o seu foco? No positivo ou no negativo? No passado ou no presente? Você se concentra em problemas ou em soluções? Isso é crucial! É aqui que a lei da atração dá errado para a maioria das pessoas e elas desistem! Elas dizem: "Estou atraindo dinheiro", "sou próspero", mas, ao mesmo tempo, elas concentram a maior parte do tempo nas contas que têm que pagar, no dinheiro que sai, no fato de não estarem ganhando muito. Então, o que acontece? Elas atraem mais coisas que não querem!

Você atrairá mais daquilo em que se concentrar! Sua energia vai fluir na direção do seu foco, e seu foco determina sua percepção geral do mundo. Concentre-se em oportunidades e você verá mais oportunidades! Concentre-se no sucesso e o sucesso virá até você.

Use as seguintes perguntas para mudar seu foco:

Como posso melhorar essa situação?
Pelo que posso agradecer?
O que é ótimo na minha vida agora?
Pelo que eu poderia estar feliz agora se quisesse?
Isso ainda será importante em dez anos?
O que é ótimo nesse desafio? Como posso usar isso para aprender?
O que posso fazer para melhorar as coisas?

13 Cuide de suas palavras

> Mas se o pensamento corrompe a linguagem, a linguagem também pode corromper o pensamento."
>
> George Orwell

> A única coisa que o impede de conseguir o que quer é a história que você continua contando a si mesmo."
>
> Tony Robbins

Cuidado com as palavras! Não as subestime! Elas são muito poderosas! As palavras que usamos para descrever nossas experiências se tornam nossas experiências! Você provavelmente encontrou uma ou outra situação em sua vida nas quais as palavras faladas causaram muitos danos. E isso acontece não apenas ao falar com os outros, mas também conversando consigo mesmo.

Sim, essa vozinha na sua cabeça, aquela que acabou de perguntar: "Voz, que voz?".

Você é o que diz a si mesmo o dia inteiro! Seu diálogo interior é como a sugestão repetida de um hipnotizador. Você está reclamando muito? Que história está contando a si mesmo? Se você diz que é mau, fraco e impotente, é assim que o seu mundo será! Por outro lado, se diz que está saudável, sentindo-se ótimo e imbatível, você também refletirá isso. Seu diálogo interno tem um enorme impacto na sua autoestima.

Portanto, tenha cuidado com o modo como descreve a si mesmo: como "sou preguiçoso", "sou um desastre", "nunca poderei fazer isso", ou meu preferido, "estou cansado", porque é claro que quanto mais você se diz cansado, mais cansado ficará! Observar o seu diálogo interno é muito importante! A maneira como você se comunica consigo muda a maneira de pensar sobre si mesmo, que muda a maneira como se sente, que muda a maneira de agir e isso acaba influenciando seus resultados e a percepção que os outros têm de você. Mantenha a conversa consigo positiva, como "quero alcançar o sucesso", "quero ser magro", "Deus, como eu sou bom", porque sua mente subconsciente não entende a palavrinha "NÃO". Ela vê suas palavras como IMAGENS.

Não pense em um elefante rosa! Viu? Aposto que você imaginou um elefante cor-de-rosa.

E – serei repetitivo – por favor, foque o que você quer. Lembre-se de que suas palavras, e especialmente as perguntas que você faz a si mesmo, têm uma enorme influência em sua realidade. Eu digo aos meus clientes de coaching para nunca dizerem a mim ou a si mesmos que não conseguem fazer algo, mas que sempre perguntem: **"Como isso pode ser feito?"** Ao perguntar-se "como", seu cérebro procurará uma resposta e a encontrará. A coisa boa é que você pode realmente mudar sua vida ao mudar sua linguagem, falar consigo mesmo de uma maneira positiva e começar a fazer perguntas diferentes a si mesmo.

Não espere! Comece a fazer perguntas diferentes agora!

14
Novos hábitos, nova vida!

> " Nós somos o que fazemos repetidas vezes. Excelência, então, não é um ato, mas um hábito."
> Aristóteles

Demora aproximadamente 21 dias para implementar um novo hábito. Cerca de 2.500 anos atrás, o filósofo grego Aristóteles disse que você muda sua vida ao mudar seus hábitos. O processo de coaching é, em essência, um processo de mudar os hábitos do cliente ao longo do tempo, introduzindo novas maneiras de fazer as coisas e substituindo comportamentos antigos. O passo mais importante no processo de mudar seus hábitos é tornar-se ciente deles! Você conhece o ditado "se você continuar fazendo as mesmas coisas, continuará obtendo os mesmos resultados"? O próprio Einstein definiu a forma mais pura de insanidade como "fazer sempre as mesmas coisas esperando um resultado diferente".

Você é assim? Não se preocupe e continue lendo! Se você quer resultados diferentes em sua vida, então deve começar a fazer as coisas de maneira distinta. Você pode mudar isso e é relativamente fácil se adicionar trabalho e disciplina. Desenvolva hábitos que o direcionem a seus objetivos. E, se fizer isso, o sucesso em sua vida estará garantido. Aqui estão alguns exemplos de hábitos "ruins" dos quais pode ser bom livrar-se: estar constantemente atrasado, trabalhar até tarde, comer comidas saudáveis, procrastinar, interromper quando alguém estiver falando, ser escravo do seu telefone etc. O objetivo deste capítulo é introduzir 10 novos hábitos diários saudáveis na sua vida dentro dos próximos três meses. Eu não quero que você fique sobrecarregado, então por que não introduzir três hábitos por mês? Com o tempo, esses hábitos melhorarão sua vida consideravelmente e substituirão hábitos ineficazes que até agora esgotaram sua energia.

Passos para ação:

Quais são os 10 hábitos que você vai introduzir?

Não é necessário introduzir GRANDES mudanças. Os hábitos que meus clientes costumam introduzir são:
- Exercitar-se 3 vezes por semana.
- Concentrar-se nos pontos positivos.
- Trabalhar em seus objetivos.
- Caminhar pela praia ou pela mata.
- Passar mais tempo com sua família.
- Comer mais vegetais.
- Encontrar os amigos.
- Ler 30 minutos por dia.
- Gastar 15 minutos por dia em "tempo sozinho" etc.

Ajuda ter um quadro de visualização! E não se esqueça de se recompensar pelos seus sucessos!

Comece AGORA fazendo uma lista de 10 hábitos diários que você introduzirá em sua vida a partir de hoje.

15

Conheça a si mesmo

> " Conhecer a si mesmo é o começo de toda sabedoria."
>
> Aristóteles

O primeiro passo para mudar sua vida é tomar consciência de onde você está e do que está faltando.

Reserve um tempo para responder às seguintes perguntas:

Quais são seus sonhos na vida?

No final de sua vida, do que você acha que mais se arrependeria de não ter feito por si mesmo?

Se tempo e dinheiro não fossem fatores importantes, o que você gostaria de fazer, ser ou ter?

O que motiva você na vida?

O que limita você na vida?

Quais foram suas maiores vitórias nos últimos 12 meses?

Quais foram suas maiores frustrações nos últimos 12 meses?

O que você faz para agradar aos outros?

O que você faz para agradar a si mesmo?

O que você finge não saber?

Qual foi o melhor trabalho que você fez em sua vida até hoje?

Como sabe exatamente que esse foi seu melhor trabalho?

Como você vê o trabalho que faz hoje em comparação com o que fazia 5 anos atrás? Qual é a relação entre o trabalho que faz agora e o trabalho que você fazia antes?

De que parte do seu trabalho você mais gosta?

De que parte do seu trabalho você menos gosta?

Que atividade ou coisa você costuma adiar?

Do que você realmente se orgulha?

Como você descreveria a si mesmo?

Quais aspectos do seu comportamento você acha que deveria melhorar?

Neste momento, como você descreveria seu nível de compromisso para tornar sua vida um sucesso?

Neste momento, como você descreveria seu estado geral de bem-estar, energia e autocuidado?

Neste momento, como você descreveria o nível de diversão ou de prazer que tem experimentado em sua vida?

Se você pudesse deixar um medo para trás de uma vez por todas, qual seria?

Em que área da sua vida você mais deseja fazer um grande avanço?

Avalie-se em uma escala de 1-10 (10 = mais alta) nas seguintes áreas:

Social_____
Trabalho_____
Família_____
Interpessoal_____

16
Conheça seus quatro principais valores!

> " Esforços e coragem não bastam sem propósito e direção."
>
> John F. Kennedy

Vamos falar sobre valores. Não de maneira moral ou ética, mas olhando para o que alimenta e motiva você. Ser claro e saber seus valores é uma das etapas mais importantes para conhecer-se melhor. Ao saber seus valores, você poderá atrair mais do que quer na sua vida. Se houver uma grande diferença entre a vida que está vivendo e seus valores, isso pode criar sofrimento e tensão. Depois de descobrir quais são seus valores, você será capaz de entender a si mesmo e suas ações de um jeito muito melhor. **Quando seus objetivos estiverem alinhados com seus valores, você notará que os alcança muito mais rapidamente e encontra muito menos resistência.** Tudo mudou para mim cerca de dois anos atrás, quando ganhei um claro conhecimento dos meus valores. Eu finalmente descobri de onde a tensão e o estresse no meu trabalho e na minha vida vinham (nenhum dos meus valores principais estava sendo aplicado!) e pude entender minhas reações em várias situações de modo muito melhor. Então, o que é importante **de verdade** para você? Descubra quais são seus valores mais importantes que lhe trazem alegria, paz e satisfação. Da lista de valores (pode baixá-la da minha página na internet de graça), escolha 10. Você descobrirá que pode agrupar valores. **Então, reduza-os aos seus quatro principais valores.**

Responda também às seguintes perguntas:

O que é muito importante na sua vida?

O que dá propósito à sua vida?

O que você costuma fazer quando experimenta a sensação de paz interior?

O que você faz de tão divertido que geralmente perde a noção do tempo?

Pense em algumas pessoas que você admira. Por que as admira?

Que tipo de qualidade você admira nelas?

De quais atividades você mais gosta? Que tipos de momentos trazem alegria e realização?

O que você não suporta?

Visualização:

Reserve algum tempo. Feche os olhos e relaxe.

Imagine que é seu aniversário de 75 anos. Você está andando por sua casa. Todos os seus amigos e familiares estão presentes. O que gostaria que a pessoa mais importante em sua vida, seu melhor amigo e um membro da família dissessem para você? Escreva.

1. A pessoa mais importante da sua vida diz...

2. Seu melhor amigo diz...

3. Seu (membro da família) diz...

17
Conheça seus pontos fortes

> " Um vencedor é alguém que reconhece os talentos dados por Deus, trabalha muito para desenvolvê-los em habilidades e usa suas habilidades para realizar seus objetivos."
>
> Larry Bird

Você não precisa ser bom em tudo. Concentre-se em seus pontos fortes. Lembre-se de que aquilo que você foca tende a se expandir. No que você é bom? Hora de descobrir, não é? Então vamos começar:

Relacione a seguir suas qualidades e realizações:

Quais são suas cinco principais qualidades pessoais e profissionais?
___
___
___

Quais são seus pontos fortes únicos? De quais você mais se orgulha? O que você faz melhor?)
___
___
___

Quais são suas realizações pessoais e profissionais mais significativas? (Do que você mais gosta e se orgulha de ter realizado?)

_____
_____
_____

Relacione os pontos fortes pessoais e profissionais:

Quem você conhece? O que você sabe? Que talentos você tem? O que torna você único e poderoso?

_____
_____
_____

Depois de conhecer seus pontos fortes, é hora de fortalecê-los. Pratique-os e concentre-se neles – os que você tem e os que você quer ter (veja o Capítulo 60: Finja até conseguir).

Passo para ação:

Se você estiver disposto, envie um e-mail para 5 amigos e/ou colegas e pergunte o que eles consideram seus maiores pontos fortes! Isso pode ser bastante inspirador e uma grande injeção de autoconfiança!

18

Honre suas conquistas passadas

> " Quanto mais você elogia e celebra sua vida, mais motivos tem para celebrar."
>
> Oprah Winfrey

Este é um capítulo muito importante. É um dos meus exercícios favoritos para aumentar a autoconfiança dos meus clientes (e a minha). Seu objetivo é capacitá-lo e conscientizá-lo do que você já alcançou na vida! Estamos sempre tão centrados nas coisas que não funcionam tão bem ou que não alcançamos que nos esquecemos do que já conseguimos. Tenho certeza de que você tem conquistas fantásticas em sua vida e, neste capítulo, se tornará consciente dos sucessos do passado e saberá usá-los como combustível de foguete para atingir seus objetivos e sucessos futuros! Portanto, a grande questão é: **que coisas grandes você conseguiu em sua vida até agora?** Você se formou na faculdade, viajou pelo mundo, tem uma ótima carreira, tem muitos bons amigos. Talvez você tenha morado no exterior por um tempo sozinho. Ou talvez tenha sobrevivido a uma infância difícil e grandes contratempos pessoais. Talvez você tenha criado filhos fantásticos. Quaisquer que sejam os desafios que você superou ou os sucessos que alcançou, agora é a hora de olhar para trás e celebrá-los. **Você se lembra do capítulo sobre foco?** Nesse caso, significa que quanto mais você se lembra e reconhece seus sucessos do passado, mais confiante se tornará. E por estar se concentrando em sucessos, você verá mais oportunidades para o êxito! **Faça sua lista! Lembre-se de seus sucessos passados! Dê um tapinha em suas próprias costas e diga para si mesmo:** "Muito bem!" O importante é a experiência de ser bem-sucedido! Entre no mesmo estado em que você estava, veja o sucesso mais uma vez em sua mente, sinta-se novamente como se sentiu antes!

Passos para ação:

1. Escreva uma lista dos maiores sucessos que você alcançou na sua vida!
2. Leia-os em voz alta e permita a si mesmo sentir-se muito bem pelo que conquistou!

Escreva seus objetivos e alcance-os!

❝ Pessoas com objetivos claros e escritos obtêm muito mais e em menos tempo do que as pessoas que sequer podem imaginá-los."

Brian Tracy

❝ Um objetivo é um sonho com prazo."

Napoleon Hill

A grande maioria das pessoas não tem a menor ideia de como fazer ou por onde começar para realizar seus sonhos. **A maior parte superestima o que pode fazer em um mês e subestima o que pode fazer em um ano.** Se você der um passo de cada vez e permanecer flexível, então, com o tempo, poderá conseguir coisas que nem imaginava antes. E o engraçado é que não se trata de chegar às metas finais; **tem a ver com a pessoa que você se torna no caminho.** A viagem é mais importante que o destino – e também é assim no estabelecimento de metas! Então, por que escrever seus objetivos? **Porque eles o conduzirão a entrar em ação!** Ter objetivos claramente definidos em sua vida é crucial para o seu caminho em direção ao sucesso e à felicidade. Eles são como um sistema GPS abrindo o caminho. Mas, para ser conduzido, primeiro você precisa saber aonde quer ir! Isso é tão importante que livros inteiros são escritos sobre o assunto do estabelecimento de metas! Vou torná-lo o mais curto possível.

O primeiro passo para alcançar seus objetivos é escrevê-los. Eu era muito cético sobre isso até começar a escrever meus objetivos, e me arrependo de não ter começado a fazer isso duas décadas antes. Tornei-me muito mais produtivo e focado, mal conseguia acreditar. Como disse antes, por muitos anos não me importei com o estabelecimento de metas. Para ser honesto, acho que isso fazia com que me sentisse desconfortável, pois comprometer-me com objetivos e anotá-los, de repente, significava que eu poderia medir o que tinha conseguido e o que não tinha conseguido, e eu não tinha coragem de fazer isso.

É importante escrever seus objetivos por vários motivos:

1. Quando você os escreve, declara em sua mente que dos 50 a 60 mil pensamentos que tem por dia, ESTE escrito é o mais importante.
2. Você começa a se concentrar e a focar as atividades que vão aproximá-lo do seu objetivo. Também começa a tomar melhores decisões, enquanto foca aonde deseja ir, sempre tendo em mente se o que você está fazendo neste momento é realmente a melhor maneira de usar seu tempo.
3. Examinar seus objetivos escritos todos os dias força você a agir e o ajuda a priorizar suas ações para o dia, perguntando a si mesmo coisas como "Neste momento, o que estou fazendo me aproxima dos meus objetivos?"

Antes de iniciar o processo de mudança, você deve ter clareza sobre suas metas. Em seguida, divida-as em pequenas etapas de ação possíveis e faça uma lista de todas as etapas que você seguirá para chegar lá. Calcule quanto tempo vai demorar. Não se esqueça de definir um prazo para cada ação, passo e objetivo. Não se preocupe se não atingir a meta exatamente na data que definiu; é apenas uma maneira de focar o objetivo e criar um senso de urgência. Uma das frases favoritas do meu treinamento de coaching é **"Se você colocar uma data em um sonho, ele se torna uma meta"**. Então está na hora de COMEÇAR:

No exercício a seguir, quero que você escreva como deseja que sua vida seja daqui a 10 anos. Ao escrever, eu quero que você **anote o que quer, não o que acha que é possível. Pense GRANDE!** Não há limites para sua imaginação. As respostas que você escrever aqui são a direção na qual sua vida irá. Crie uma visão clara de seus objetivos em sua mente. Veja a si mesmo como já tendo atingido o objetivo: Como se sente? Como estão as coisas? Como tudo parece? Qual é a sensação?

Os objetivos devem ser seus, específicos, declarados positivamente, e você tem que se comprometer com eles.

Outro ponto importante: ao perseguir seus objetivos, recompense a si mesmo pelo esforço realizado, e não apenas pelos resultados. Autopunição não é permitida! Tenha em mente que você está muito além de onde estava uma semana ou um mês atrás.

Outras dicas úteis que aprimoram sua jornada de definição de metas:

- Deixe um pequeno cartão com suas metas escritas na carteira e leia todas elas 4-5 vezes ao dia.
- É muito benéfico ter uma lista de tarefas. Coloque seus passos de ação nela, bem como o tempo necessário para executar a tarefa e estabeleça um prazo para cada tarefa.
- Equilibre seus objetivos (físico, econômico, social, profissional, familiar, espiritual).

Exercício:

1. Como você quer que sua vida seja daqui a 10 anos? Não há limites! Pense grande!
2. O que você deve ter alcançado em 5 anos para se aproximar do seu objetivo em 10 anos?
3. O que você deve ter alcançado em 1 ano para se aproximar do seu objetivo em 5 anos?
4. O que você deve ter alcançado em 3 meses para se aproximar de seu objetivo de 1 ano?
5. Quais são as coisas que você pode fazer AGORA para alcançar seus 3 objetivos do mês?

Passo para ação:

Escreva pelo menos três coisas e TOME UMA ATITUDE!

20
Próximo!

> " Eu vejo a rejeição como alguém tocando uma corneta no meu ouvido para me acordar e seguir em frente, em vez de recuar."
>
> Sylvester Stallone

Outro dos maiores medos que temos é o medo da rejeição! Não chamamos a garota para sair porque tememos a rejeição, não enviamos o currículo porque sentimos medo da rejeição, nem pedimos um upgrade para a classe executiva ou para a melhor mesa do restaurante porque receamos a rejeição! **Para alcançar seus objetivos na vida, você terá que aprender a lidar com a rejeição.** É uma parte da vida e para superá-la você precisa tomar consciência de que – assim como o fracasso – a rejeição é apenas um conceito na mente! As pessoas mais bem-sucedidas não são muito diferentes de você. **Elas só são melhores em lidar com a rejeição!** Isso é alguma coisa, não é? No caminho para seus objetivos, você provavelmente terá que enfrentar a rejeição muitas vezes. Só não desista. E acima de tudo, **não leve a rejeição para o lado pessoal!** Pense nisso. Se convidar alguém para sair e essa pessoa não quiser sair com você, na verdade, nada mudou. Essa pessoa não sairia com você antes e não sairá com você agora. Sua situação é a mesma. **A rejeição não é o problema; o problema é o diálogo interno que você inicia após ser rejeitado:** "Eu sabia que não conseguiria fazer isso. Eu sei que não sou bom o suficiente. Meu pai estava certo. Eu nunca vou conquistar nada na vida". O importante é continuar! O objetivo dos vendedores mais bem-sucedidos é ouvir 100 vezes "não" por dia, porque eles sabem que se ouvirem 100 "nãos", também haverá alguns "sins". **É um jogo de números!** Os "Don Juans" mais bem-sucedidos entre meus amigos são os que lidaram com o "não" da melhor maneira. Eles sabiam que, se conversassem com 25 garotas por noite, uma delas acabaria tomando uma bebida com eles. Outros desistiram depois de ouvir dois ou três "nãos". Apenas esteja preparado para ser rejeitado várias vezes no caminho para o sucesso. O segredo é não desistir! Quando alguém lhe disser "Não, obrigado", você pensa "PRÓXIMO!". Você sabia que o roteiro de Sylvester Stallone para o filme "Rocky" foi rejeitado mais de 70 vezes? A série de livros *Histórias para aquecer o coração*, de Jack Canfield e Mark Victor Hansen foi rejeitada 130 vezes e riram de Canfield quando ele disse que queria vender 1 milhão de livros. Seu editor disse que ele teria sorte se vendesse 20 mil. Bem, o primeiro livro *Histórias para aquecer o coração* vendeu 8 milhões de cópias, e toda a série vendeu cerca de 500 milhões! Até *Harry Potter*, de J.K. Rowling foi rejeitado 12 vezes!

Responda às seguintes perguntas:

O que você está aprendendo neste capítulo?
Como você vai lidar com a rejeição a partir de agora?

21

Evite ladrões de energia

" Energia e persistência conquistam todas as coisas."
Benjamin Franklin

" A energia da mente é a essência da vida."
Aristóteles

Sua energia é crucial para impulsioná-lo em direção a seus objetivos e felicidade.

Há algumas coisas em sua vida que drenam sua energia e há coisas que adicionam energia. Não subestime a importância da energia e siga em frente! Nos meus processos de coaching, damos muita ênfase a atividades que trazem energia e cortamos coisas que drenam a energia da vida dos meus clientes. Quando você atua com baixa energia, não se sente bem, você não é feliz, envia baixas vibrações e são grandes as chances de atrair o que está enviando! Pare de fazer ou se expor a coisas que drenam sua energia, como hábitos alimentares pouco saudáveis, álcool, drogas, cafeína, açúcar, tabaco, sedentarismo, negatividade, sarcasmo, objetivos sem foco, notícias, fofocas, entre outros. Todas essas coisas drenam sua energia. E esteja atento aos "vampiros de energia" entre seus colegas, amigos e até família. Por que você gastaria tempo com as pessoas que apenas lhe drenam? Torne-se muito egoísta a respeito de como gerencia sua energia:

- ▶ Elimine todas as distrações.
- ▶ Finalize seus negócios inacabados.

- Trabalhe suas tolerâncias. (Veja o Capítulo 29.)
- Diga adeus a pessoas e relacionamentos que roubam sua energia.

Perguntas:

Quais são os ladrões de energia em sua vida?
_____
_____
_____

O que você fará a esse respeito?
_____
_____
_____

22
Gerencie seu tempo

> " Não há nada tão inútil quanto fazer com eficiência aquilo que simplesmente não deveria ser feito."
>
> Peter F. Drucker

Você faz muitas horas extras e ainda assim não tem tempo para tudo que precisa fazer? Você é uma daquelas pessoas que gostaria que o dia tivesse 28 horas? Bem, infelizmente você também tem apenas 24 horas como todo mundo neste planeta. Ah, e me desculpe, eu esqueci: Não existe gerenciamento de tempo! Você não pode controlar o tempo. O que você pode fazer é usar seu tempo com sabedoria e gerenciar suas prioridades. Todos que me procuram e a maioria dos meus amigos dizem: "Eu não tenho tempo para_____ (preencha o espaço em branco)." A maneira mais rápida de ganhar tempo é ver uma hora a menos de TV todos os dias. São 365 horas por ano, o que equivale a 28 horas por mês! O que você faria com sete horas a mais por semana? Outro truque para ganhar mais tempo é acordar mais cedo (veja o Capítulo 25).

Defina prioridades e escolha em quais atividades vai investir seu tempo. Estabeleça regras claras sobre quando você está disponível e quando não está disponível e não deixe que outras pessoas roubem seu tempo. O engraçado é que, quanto mais você valorizar seu tempo, mais tempo terá, porque as pessoas também valorizarão seu tempo. Se você permitir que as pessoas lhe interrompam o tempo todo, estará essencialmente mostrando a elas que seu tempo não é muito valioso e, nesse caso, não conseguirá trabalhar de modo eficiente, independentemente de quantas horas trabalhe. Estudos recentes descobriram que cada interrupção de 5 minutos no trabalho custa 12 minutos, porque seu cérebro precisa de 7 minutos para se reorientar! Quantas interrupções você sofre por dia? 10? 12? Imagine quanto tempo economizará ao diminuir o número delas.

Cada interrupção de 3 minutos custa 10 minutos. Digamos que você seja interrompido 12 vezes em um dia útil: 2 horas se vão! Em um mês, é como ter uma semana a menos! Não permita que funcionários, amigos ou clientes interrompam você. Defina essas regras AGORA.

Outro grande ladrão de tempo é a mídia social e o e-mail. **Estabelecer momentos fixos para a atividade na rede social e para checar e-mails é outra maneira de ganhar muito tempo.**

Comecei a conseguir muito tempo no trabalho quando aprendi a dizer "NÃO". (Veja o Capítulo 24.)

Minha técnica pessoal de economia de tempo é reservar de 30 a 60 minutos aos domingos para planejar minha semana inteira. Eu coloco meus objetivos pessoais e metas profissionais para cada semana em minha planilha de Excel. **E não se esqueça de agendar algum horário livre, tempo de relaxamento,** como cochilos, leitura, meditação etc. e também algum tempo para emergências. Eu também reservo 15 minutos todos os dias para planejar meu dia seguinte. Dessa forma, dou ao meu subconsciente a chance de já trabalhar esses planos enquanto durmo. Isso funciona! Quando começo no dia seguinte, não preciso pensar muito: simplesmente começo a trabalhar.

Mais algumas dicas para economizar tempo:

- Faça uma lista de tarefas com a data e o tempo que a tarefa leva.
- Limite suas chamadas telefônicas a 5 minutos por chamada.
- Esteja ciente do resultado desejado para cada chamada que você fizer.
- Trabalhe contra o tempo e você realizará seu trabalho mais rapidamente (use um *timer* e trabalhe contra ele).
- Escreva 5 coisas que deseja para o dia seguinte todas as noites e relacione-as em ordem de prioridade.

- Crie blocos de tempo (blocos de 90 minutos).
- Acompanhe seu tempo. Veja como está usando seu tempo atualmente rastreando suas atividades diárias.
- Faça as coisas desagradáveis primeiro.
- Pare de ficar ocupado e busque resultados.

Tenha cuidado com os seguintes ladrões de tempo:

- Falta de informação para concluir uma tarefa.
- Fazer tudo sozinho (delegar é uma opção?).
- Distrair-se facilmente (concentre-se e defina limites!).
- Chamadas telefônicas muito longas (coloque um limite de 5 minutos).
- Gastar muito tempo pesquisando arquivos (organize-se!)
- Continuar fazendo as coisas da mesma maneira sem perceber que pode haver uma maneira mais eficiente de fazê-las.
- Você acha que precisa estar acessível o tempo todo e em qualquer lugar (Precisa?).

Então, o que você vai fazer a seguir? **Vai insistir na desculpa de que não tem tempo** ou vai começar a ganhar tempo com uma coisa de cada vez e experimentar a mudança por si mesmo? O que você vai fazer? Lembre-se de que tudo se resume a decisões e hábitos!

Passo para ação:

Escreva 5 coisas que você começará a fazer AGORA!

_____
_____
_____
_____
_____

23 Comece a se organizar!

> " Organizar-se é o que você faz antes de fazer algo, de modo que, ao fazê-lo, nem tudo esteja confuso."
>
> A. Milne

> " Para cada minuto gasto na organização, você ganha uma hora."
>
> Anônimo

Você está muito ocupado para se organizar? Você está cercado por pilhas de papel e tem post-its por toda a sua mesa? E sente que está bem ocupado, mas simplesmente não consegue respirar e não consegue lidar com seu trabalho, mesmo fazendo hora extra? **Então leia com atenção agora, porque estou falando especialmente com você!**

Não é que você esteja muito ocupado para colocar as coisas em ordem, é porque não está organizado que está tão ocupado! E para piorar: **Estar ocupado não significa que você é eficaz! Só porque você tem a mesa mais bagunçada do escritório, não significa que você é quem trabalha mais.**

Existem estudos que mostram que os executivos de hoje gastam entre 30% a 50% do tempo procurando documentos! Você acredita nisso? Então, meu trabalhador oprimido, continue lendo e experimente essas pequenas dicas, veja como elas podem mudar sua vida! Já passei por isso e virei o jogo com as dicas a seguir:

- Passe os primeiros 15 minutos do seu dia útil de trabalho priorizando o que fazer.
- Gaste uma hora por semana organizando e arquivando documentos.
- Use 15 minutos por dia para tirar papéis e limpar sua mesa.
- Utilize os últimos 15 minutos do seu dia útil para analisar suas tarefas do dia seguinte. O que é importante? O que é urgente?
- Use sua caixa de entrada de e-mail como uma lista de tarefas. As tarefas resolvidas são arquivadas e as tarefas não resolvidas ficam na caixa de entrada.
- Se houver e-mails e tarefas que você possa executar em menos de 5 minutos, sempre os faça imediatamente! SEMPRE!
- Não aceite novas tarefas enquanto não estiver no controle.
- Faça o trabalho corretamente da primeira vez, de modo que ele não volte para assombrá-lo e acabe custando mais tempo depois.

Você se lembra daquele colega que sempre completava sua tarefa rápido, mas não completamente e, em seguida, durante cada etapa do processo você tinha que consultá-lo para obter mais informações? Em vez de fazer bem-feito uma vez, com toda a documentação correta, o que leva 15 minutos, ele corria para fazer em 5 minutos, e depois você tinha que procurá-lo mais três vezes, perdendo mais 30 minutos. Então, em vez de 15 minutos, ele levava 35 minutos para concluir a tarefa. Faça certo da primeira vez!

Como todo o resto deste livro, dizer "Isso não funcionará para mim" não serve como desculpa! Experimente por pelo menos duas semanas e, se ainda não funcionar para você, escreva-me um e-mail e reclame comigo!

Passo para ação:

Qual das dicas você testará primeiro?

24 Diga "NÃO" a eles e "SIM" a si mesmo

> " Não conheço a chave do sucesso, mas a chave do fracasso é tentar agradar a todos."
> Bill Cosby

Aqui está outro desses pequenos exercícios que melhoraram minha vida: quando parei de querer agradar aos outros e comecei a ser eu mesmo, muito disso veio com a palavra "não". Toda vez que você diz "sim" para os outros quando na verdade queria dizer "não", está contrariando a si mesmo! Antes de aprender a dizer "não", eu costumava sair com meus amigos com frequência, embora não quisesse, ou ia a eventos de que não gostava. O resultado era que eu estava fisicamente presente, mas minha mente estava em outro lugar e, com toda sinceridade, eu não era a melhor companhia. Quando decidi que um "sim" é um "sim" e um "não" é um "não", passei a me sentir muito melhor. Passei a sair menos com meus amigos e dizer "NÃO" foi difícil no começo, mas, quando me encontrava com eles, eu estava completamente presente.

Na minha vida profissional o impacto foi ainda maior. Quando comecei a trabalhar na Espanha, queria ser um bom colega e dizia sim a tudo o que me pediam. Adivinha o que aconteceu? Acabei ficando totalmente sobrecarregado no trabalho, porque me pediam muitos favores – em geral tarefas que ninguém mais queria fazer. Levei um tempo para me posicionar, mas finalmente eu disse "Basta!". A partir daí, minha primeira resposta para quando me pediam favores era "NÃO! Desculpe. Não posso fazer isso. Muito ocupado no momento!". Ao começar a dizer "não" com frequência, melhorei minha vida profissional, o que realmente me liberou muito tempo. Mas cuide para dizer "NÃO" sem se sentir culpado! Você pode explicar à pessoa em questão que não é nada pessoal contra ela, mas para o seu próprio bem-estar. Eu ainda podia fazer um favor aos meus colegas, mas apenas se tivesse tempo suficiente e quisesse. De repente, eu me vi no controle da situação. Se estivesse com vontade, dizia ao colega em questão que estava apenas fazendo um favor e não gostaria de acabar fazendo o trabalho. Egoísta? Sim!

Mas lembre-se de quem é a pessoa mais importante em sua vida! Isso mesmo! VOCÊ é a pessoa mais importante da sua vida! E tem que estar bem! Só assim você vai conseguir ser bom com os outros e, a partir daí, poderá contribuir com eles, mas primeiro fique bem. Sempre é possível ganhar algum tempo e dizer "talvez" a princípio, até tomar uma decisão definitiva. A vida fica muito mais fácil se você começar a dizer "NÃO"!

Responda às seguintes perguntas:

De quem é a vida que você está vivendo? Você está vivendo sua própria vida ou tentando agradar e satisfazer as expectativas dos outros?

Para quem e para o que você vai dizer NÃO a partir de AGORA?

Passo para ação:

Faça uma lista das coisas que você vai parar de fazer!

25

Acorde cedo! Durma menos!

> " É bom acordar antes do amanhecer, pois esse hábito melhora a saúde, o bem-estar e a sabedoria."
>
> Aristóteles

O primeiro benefício de acordar uma hora antes é que você ganha cerca de 365 horas por ano. 365! Quem disse: "Não tenho tempo!"? Quando os clientes me dizem que não têm tempo, a primeira coisa que pergunto é quantas horas de TV eles estão assistindo. Isso geralmente resolve as coisas e dá a eles o tempo necessário. Para aqueles que pararam de assistir TV e ainda não têm tempo suficiente, peço para que se levantem uma hora antes. Há uma energia muito especial nas horas que antecedem o amanhecer. Desde que comecei a me levantar por volta das 5h30 ou 6h, minha vida mudou completamente. Estou muito mais calmo e relaxado e não começo o dia já correndo e estressado. Costumo correr meia hora antes de o sol nascer, para que, no caminho de volta, eu veja o sol "saindo" do mar Mediterrâneo. Isso é absolutamente incrível e já me coloca em um estado de felicidade absoluta. E para aqueles que não moram perto do mar: o nascer do sol nos campos, florestas ou mesmo na cidade grande é igualmente emocionante. Vá ver e me conte! Começar o seu dia assim é muito benéfico para sua felicidade e paz de espírito. Outra grande vantagem de acordar mais cedo é que isso reforça a autodisciplina e você ganha autoconfiança.

Nelson Mandela, Mahatma Gandhi e Barack Obama, entre outros, são exemplos famosos de líderes "madrugadores".

Está cientificamente comprovado que 6 horas de sono por noite, com um cochilo de 30 a 60 minutos à tarde, constituem tempo suficiente de descanso. Sua disposição depende da qualidade do seu sono, não da quantidade. Você precisa tentar descobrir sozinho quantas horas de sono são necessárias para que se sinta revigorado. Mas tente. Vai melhorar, e muito, sua qualidade de vida. Não esqueça de que conseguir acordar cedo é um novo hábito, então dedique algum tempo e não desista depois da primeira semana, caso ainda se sinta cansado depois de acordar mais cedo. Um hábito precisa de pelo menos 3 ou 4 semanas para se estabelecer. Se você de fato não consegue se levantar uma hora antes, tente meia hora. E não esqueça que sua atitude, pensamentos e crenças sobre acordar uma hora antes desempenham um grande papel também. Sempre achei estranha minha dificuldade para acordar às 6h45 para trabalhar depois de 7 ou 8 horas de sono, mas durante as férias eu dormia cerca de 4 horas e acordava antes de o despertador tocar, sentindo-me totalmente revigorado e energizado. **No final, acordar ou desligar o despertador é uma decisão que você toma. Você decide. Qual é a importância de um estilo de vida melhor e de mais tempo para si?**

26 Evite a mídia de massa

> Uma civilização democrática se salvará apenas se tornar a linguagem da imagem um estímulo à reflexão crítica – não um convite para a hipnose."
> Umberto Eco

> As notícias são fofocas glorificadas."
> Mokokoma Mokhoana

Você quer progredir rapidamente, não é? Aqui está uma dica que vai liberar muita energia e tempo! Quantas horas você gasta em frente à TV todos os dias? O americano médio gasta de 4 a 5 horas por dia vendo televisão, e o mesmo vale para os europeus. Isso dá entre 28 e 35 horas por semana! Absurdo! É muito tempo que você pode recuperar! Além de ganhar tempo, há um outro benefício: a TV é um dos maiores ladrões de energia, se não for o número um! Você se sente renovado ou reenergizado depois de ver televisão? **Pare de acompanhar as notícias ou, melhor ainda, desligue sua televisão!** Por que você se expõe à tanta negatividade? Não se submeta ao lixo que existe na TV. Substitua esse hábito por outro mais saudável, como passear, passar mais tempo com sua família ou ler um bom livro.

Parei de ver as notícias há muitos anos, quando tomei consciência de que, enquanto estava no trem para ir ao trabalho, ficava chateado com as coisas ouvidas e vistas no noticiário da manhã e pensava: "Não posso ir ao meu ambiente de trabalho estressante já estando estressado, simplesmente por causa do que o político A disse ou por causa do que o banqueiro B fez ou porque há uma guerra acontecendo em C. Apenas uma semana depois de parar de acompanhar as notícias eu já me sentia muito melhor! Não acredita em mim? Tente fazer isso! **Não veja as notícias por uma semana e observe como você se sente.**

Não estou dizendo para você se tornar ignorante – apesar de aqui na Espanha dizerem que "o ignorante é a pessoa mais feliz da vida". Você pode continuar lendo os jornais. Eu recomendaria que você lesse apenas as manchetes. Você continuará atualizado com as coisas importantes, porque sua família, amigos e colegas o manterão atualizado. Apenas escolha e seja seletivo no que se refere à quantidade de lixo a que você expõe sua mente. Se precisar de mais razões para parar de ver televisão, leia um dos muitos livros que estão por aí sobre como a mídia nos manipula e como quase tudo é falso! Controle as informações às quais é exposto. Veja se isso melhora sua vida. Em vez de ver lixo na TV, procure um documentário ou uma comédia. Em vez de ouvir as notícias em seu carro, ouça um audiolivro ou CDs motivacionais.

27
Você "tem que" ou você "escolhe" fazer?

> " É a escolha – não o acaso – que determina o seu destino."
>
> Jean Nidetch

Você tem muitas coisas em sua vida que "tem que" fazer ou "precisa" fazer, mas nunca faz? Quantos "deveres" você tem na sua vida? Você deveria se exercitar mais, ir mais à academia, parar de fumar, comer de forma mais saudável e passar mais tempo com sua família?

Esses "deveres" não vão ajudá-lo a chegar a lugar nenhum; eles apenas implicam que você não é bom o suficiente e drenam sua energia, porque vêm com a consciência pesada ou com a autotortura. "Por que eu não vou à academia? Eu sou muito displicente! Eu nunca vou perder peso", e assim por diante. **Faça uma lista de todos os seus "deveres" e depois esqueça dela!** O quê? Esquecer? Sim! Eu não estou brincando, esqueça! Se você tem um objetivo desde o ano passado e não fez nada sobre ele, então é melhor esquecê-lo. Se seu objetivo é ir à academia e você passou um ano sem ir, deixe para lá. Com o objetivo, você também deixa de lado a consciência pesada e a autopunição por não realizá-lo. Jogue fora todos os seus "deveres" e defina novas metas!

Pare de fazer as coisas que você "precisa" e **escolha seus objetivos.** E, o mais importante, substitua "eu deveria" e "eu preciso" por "eu escolho", "eu decido", "eu vou" e "eu prefiro".

Eu escolho me exercitar mais, comer de forma mais saudável, ler mais.

O que acha?

É importante que você goste de suas atividades – se não, não as faça.

Experimente este pequeno exercício:

Eu tenho que _____A_____.
Se eu não fizer _____A_____, então _____B_____ acontecerá.
E se _____B_____ então _____C_____ e então _____D_____ e _____E_____ e depois ____Z_____.
Prefiro _____A_____ a _____Z_____ É por isso que escolho _____A_____.

Passo para ação:

Faça sua lista de "deveres" e deixe-os ou reformule-os para "eu escolho" ou "eu decido".

28
Enfrente seus medos!

❝ O medo do sofrimento é pior do que o próprio sofrimento."

Paulo Coelho

❝ Você ganha força, coragem e confiança a cada experiência em que realmente para e encara o medo. Você deve fazer aquilo que acha que não pode fazer."

Eleanor Roosevelt

Não deixe que seus medos frustrem, limitem ou paralisem você!

David Joseph Schwartz diz isto: "Faça o que você teme e o medo desaparecerá", e Mark Twain já sabia há mais de cem anos que "daqui a 20 anos você ficará mais decepcionado com as coisas que não fez do que com as que fez". Ou, de acordo com um dos meus ditados preferidos: "Nunca se arrependa das coisas que você fez; só daquelas que nunca tentou!". Então, enfrente esses medos! De qualquer maneira, noventa por cento deles são pura imaginação. Ilusões! Histórias incríveis de drama e desastre que provavelmente nunca acontecerão e que se formam em sua mente – "o maior diretor de novelas do mundo", como T. Harv Eker diz – para mantê-lo em sua zona de conforto. O único problema é que grandes coisas como desenvolvimento, crescimento e sucesso acontecem fora da zona de conforto.

Os medos são um mecanismo de sobrevivência da sua mente. Ela quer mantê-lo seguro, e o que a mente não conhece, a assusta. Eu tinha muitos medos na vida e ainda tenho, mas aprendi a superá-los e, atrás dos meus medos, grandes oportunidades me esperavam. Então criei o hábito de usar meu medo como trampolim. Apenas pergunte a si mesmo: "Qual é a pior coisa que pode acontecer comigo se eu fizer isso?" Então avalie se vale a pena correr o risco ou não.

Seja cuidadoso! Há também um preço por não se correr riscos nem sair da sua zona de conforto. Pergunte a si mesmo: "Que preço estou pagando por permanecer o mesmo ou não fazer isso?" É ainda mais alto do que o preço de correr o risco? Isso também inclui coisas intangíveis, como paz interior, felicidade, saúde etc. Mude seu relacionamento com o medo. Deixe que ele dê avisos e conselhos, mas não permita que ele paralise você! Por exemplo, eu costumava ficar totalmente paralisado pelo medo e fiquei preso no meu trabalho por cinco anos por causa do temor de mudar ou do desconhecido. Hoje em dia, quando sou invadido por receios e dúvidas, penso comigo mesmo: "Hum, se há tantas dúvidas e medos, devo estar no caminho certo. É melhor eu agir."

Tente coisas novas e prove o aparentemente impossível! Ironicamente, as coisas que você mais teme serão as mais positivas para seu desenvolvimento e crescimento depois de superá-las. Faça as coisas que você teme: realize a ligação que não deseja fazer, envie o e-mail que não quer enviar, pergunte àquela pessoa a quem você tem medo de perguntar e veja o que acontece. Quando você perceber o medo, observe, analise, mas não acredite nele. Apenas pergunte: "Medo, meu velho amigo! O que você está fazendo aqui de novo? Você quer me alertar ou quer me paralisar? Qual é o seu jogo?"

Do que você tem medo? Do fracasso? Do sucesso? De cometer erros? De tomar as decisões erradas? Faça o que Susan Jeffers diz: "Sinta o medo e faça mesmo assim"! Se você deseja alcançar novos territórios, é necessário correr alguns riscos e continuamente fazer as coisas que teme. Os erros não importam, desde que você aprenda com eles e não cometa os mesmos erros várias vezes. O mesmo vale para as decisões – a propósito, não tomar uma decisão ou procrastinar também é uma decisão!

Responda às seguintes perguntas em seu caderno de exercício ou diário:

O que está impedindo você de viver a vida que deseja?

Quais desculpas você está dando para justificar permanecer onde está agora?

Qual é a pior coisa que pode acontecer se você fizer o que tem medo de fazer?

29
Elimine tudo que incomoda você

❝ Grandes coisas são feitas com uma série de pequenas coisas reunidas."

Vincent van Gogh

❝ Não é a montanha à frente que desgasta você. É o grão de areia no seu sapato."

Robert Service

Este é geralmente um dos primeiros exercícios que faço com meus clientes de coaching. **Tudo o que causa incômodo drena sua energia.** No coaching, nós chamamos isso de tolerâncias. Por exemplo, um botão faltando na sua camisa preferida, a cortina do chuveiro suja, um armário de cozinha que não fecha, seu chefe dando ordens a você o tempo todo, dinheiro que lhe é devido, um quarto de hóspedes desorganizado, ferramentas quebradas, uma mesa bagunçada, roupas que não servem mais etc., são pendências. Enquanto você não as resolve, elas continuam drenando sua energia. Assim que você as eliminar, terá mais energia para se concentrar nas coisas que o levam adiante.

Portanto, seu exercício será fazer uma lista de todas as coisas que incomodam você: **em sua vida privada, seu trabalho, sua casa, seus amigos, em você mesmo** etc.

Não se assuste se escrever 50 a 100 coisas. É normal.

Depois de anotá-las, agrupe-as. Quais são fáceis de lidar? Com quais VOCÊ pode lidar? Por enquanto, deixe as que não dependem de você. Dê uma olhada nelas depois de duas ou três semanas. O mais curioso, que já percebi com meus clientes, é que algumas das tolerâncias que não dependem de nós mesmos desaparecem por conta própria quando tomamos conta daquelas com as quais podemos lidar.

Por exemplo, minha cliente Martina teve grandes problemas com um colega no trabalho. Ele drenava a energia dela. Ela trabalhou nas tolerâncias com as quais podia lidar e a lista ficou menor. Três meses depois, seu colega de repente mudou de emprego e deixou a empresa! Isso foi apenas uma coincidência ou foi uma consequência de ela ter trabalhado suas tolerâncias? Vou deixar a escolha para você. O fato é que ela está muito mais feliz no trabalho agora! Experimente você mesmo e depois me conte!

Passo para ação:

Faça uma lista de todas as coisas que o incomodam. Na sua vida privada, seu trabalho, sua casa, seus amigos, em você mesmo etc.

Comece a trabalhar como já explicamos!

30
Limpe seu armário

> " O fato é que se você não usa nem precisa, é acúmulo, e precisa ser mandado embora."
>
> Charisse Ward

Você quer que algo novo entre em sua vida? Já reparou que assim que se livra de algumas coisas e cria espaço, o universo não demora muito para preencher esse espaço novamente? Tem tudo a ver com energia. Se você tem muita coisa que não usa em sua casa, isso drena sua energia! O coaching serve para melhorar todo o seu ambiente, e isso inclui acabar com o acúmulo. Comece com o seu armário. Aqui estão algumas dicas:

- ▶ Se você não usa algo há um ano, provavelmente não usará mais.
- ▶ Quando você pensa "Isso será útil um dia" ou "Isso me faz lembrar os bons tempos", livre-se disso.

Quando organizo minhas coisas, geralmente dou aquilo que está sobrando para alguém que precise. Isso faz com que eu me sinta melhor e de alguma forma acho que a vida/Deus/o universo me recompensará. Ao terminar o armário, assuma o quarto inteiro.

Mais tarde, vá para a sala, limpe sua garagem e acabe limpando toda a sua casa e escritório. Livre-se de tudo que não usa mais: roupas, jornais, livros, CDs, até móveis, e assim por diante. Um dos meus clientes organizou todo o seu apartamento em um fim de semana. Ele se sentiu muito melhor e mais leve e conseguiu uma carga de energia que o ajudou a concluir vários objetivos de curto prazo.

Ele nunca se arrependeu. **Quando você começará a se livrar dos acúmulos?**

Passo para ação:

Agende um fim de semana e livre-se de tudo o que você não precisa mais!

RESERVE O FIM DE SEMANA AGORA!

Desapego e tolerância andam de mãos dadas

Um exemplo da vida real

> " O acúmulo nada mais é do que decisões adiadas."
>
> Barbara Hemphill

Organização e tolerâncias andam de mãos dadas. Eu tenho aqui um exemplo de vida real do meu cliente Lawrence, que descreve o que aconteceu durante o processo:

> "Quando eu passei pelo processo de organizar minha vida, foi como se estivesse criando um novo senso de liberdade para mim. Antes de entender o que é o acúmulo desnecessário de coisas, eu vivia com muitos hábitos ruins e pensamentos desencorajadores ao longo do caminho... Não eram hábitos como um vício, por exemplo, fumar ou beber. Pareciam pequenas tolerâncias aparentemente insignificantes para começar, mas conforme elas foram se tornando mais numerosas em minha vida e apenas as aceitava como algo que eu não poderia mudar, elas foram ficando mais pesadas até que fiquei sobrecarregado. Essas tolerâncias me davam a impressão de que eu me movia como um bicho-preguiça. Coisas como procrastinação, falta de sono, insatisfação com o meu trabalho, consumo frequente de comida pronta, autocrítica por não conseguir mais sucesso... Em

algum lugar ao longo do caminho, perdi de vista meus objetivos na vida e permiti que essas tolerâncias bagunçassem as coisas até o ponto de eu me sentir preso.

Quando o meu coach, Marc, sugeriu a ideia de me livrar dos acúmulos, foi uma verdadeira revelação. Entendi o que era imediatamente, mas não sabia por que eu era assim, como corrigir isso e sair do buraco. Com as ferramentas oferecidas pelo Marc, agora consigo reconhecer minhas tolerâncias e trabalhar para me desfazer delas. Eu identifiquei as que poderia resolver rapidamente e das quais poderia me livrar: consertar o peitoril da janela que não abria, pendurar os quadros que deixei guardados quando me mudei, substituir meu colchão velho que não era mais tão confortável. Também reconheço as tolerâncias que levarão mais tempo para solucionar, e trabalho nelas a todo momento, como me desafiar mais no trabalho e me recompensar por essa produtividade. Já escrevi todas elas para acompanhá-las e me responsabilizar, e escrevo novas tolerâncias ao identificá-las ao longo do caminho.

Organizar as tolerâncias em minha vida, que estavam misturadas em minha mente e me atrasavam, faz com que me sinta 10 vezes mais leve agora. Eu tenho mais energia, mais ânimo e mais entusiasmo. E, conforme me livro do acúmulo, descobri que meu ambiente físico torna-se organizado também. Meu apartamento está mais limpo e mais aberto, então sinto que estou em um ambiente sem desordem em casa."

32
A hora mais importante...

> " Escreva em seu coração que todo dia é o melhor dia do ano."
>
> Ralph Waldo Emerson

A hora mais importante do seu dia é composta pelos 30 minutos depois de acordar e pelos 30 minutos antes de se deitar. É quando seu subconsciente está muito receptivo, por isso tem grande importância o que você faz nesse momento. A maneira como começa o seu dia tem um enorme impacto em como o resto do dia se desenvolverá. Tenho certeza de que você teve dias que começaram do jeito errado e foram ficando cada vez piores – ou o contrário: você acordou com a sensação de que tudo daria certo e deu. Por isso é muito importante começar bem o dia. A maioria de nós sai correndo logo que acorda e é assim que o dia vai se desenrolar. Não é de admirar que a maioria das pessoas viva estressada hoje em dia. O que acordar meia hora ou uma hora mais cedo, todas as manhãs, faria por você? E se, em vez de engolir o café da manhã apressadamente ou então ir comendo a caminho do trabalho, você se levantasse e tirasse meia hora para si? Talvez você até crie um pequeno ritual matinal com uma meditação de 10 ou 15 minutos. Você percebe o que isso poderia fazer por sua vida se acabasse se tornando um hábito? Aqui estão algumas atividades para o ritual da manhã. Experimente!

- Pense positivo: hoje vai ser um ótimo dia!
- Lembre-se por 5 minutos pelo que você é grato.
- Mantenha-se 15 minutos em silêncio.

- Imagine o dia que está prestes a começar muito bem.
- Assista ao nascer do sol.
- Vá correr ou fazer caminhada.
- Escreva em seu diário.

A última meia hora do seu dia tem a mesma importância! As coisas que você faz na última meia hora antes de dormir permanecerão em seu subconsciente durante o sono. Então é hora de fazer o seguinte:

- Escrever em seu diário novamente.
- Refletir sobre o seu dia. O que você fez que foi ótimo? O que você poderia ter feito ainda melhor?
- Planejar o próximo dia. Quais são as coisas mais importantes que você quer terminar amanhã?
- Fazer uma lista de tarefas para o dia seguinte.
- Visualizar o seu dia ideal.
- Ler alguns blogs, artigos ou capítulos inspiradores de um livro.
- Ouvir músicas que inspirem você.

Eu recomendo enfaticamente que você NÃO VEJA NOTÍCIAS ou FILMES que o deixem agitado antes de dormir. Isso porque, quando adormece, você fica altamente receptivo a sugestões. É por isso que é muito mais benéfico ouvir ou assistir a coisas positivas.

Planejar o dia com antecedência e a lista de coisas a fazer podem trazer imensas vantagens e economia de tempo. As coisas que você tem que fazer já estarão em seu subconsciente e você trabalhará muito focado no dia seguinte se já souber quais são suas prioridades.

Responda às seguintes perguntas:

Como serão suas manhãs e noites a partir de agora?
Você acordará 30 minutos mais cedo e criará um pequeno ritual?
Quais serão suas últimas atividades antes de dormir?

33 Encontre seu propósito e faça o que ama

> " O objetivo da vida não é ser feliz. É ser útil, ser honrado, ser compassivo, fazer alguma diferença com seu modo de viver e viver bem."
>
> Ralph Waldo Emerson

> " Os dois dias mais importantes da sua vida são o dia em que você nasceu e o dia em que você descobrir o porquê."
>
> Mark Twain

Uma das coisas mais importantes ao longo da jornada de sua vida é a descoberta do seu propósito. Então, o que exatamente isso significa? Significa fazer o que você gosta de fazer. Suas respostas para as perguntas "O que você faria se o sucesso fosse garantido?" ou "O que você faria se tivesse dez milhões, sete casas e viajasse para todos os seus destinos favoritos?", o levarão ao seu objetivo. Você passa mais tempo no trabalho do que com seus entes queridos, então aproveite melhor o que está fazendo! A pesquisa Gallup 2013 "Relatório do estado do ambiente de trabalho do americano" afirma que até 70% das pessoas não estão felizes com seu trabalho! 50% não estão envolvidas, não estão inspiradas e apenas meio presentes, e cerca de 20% se resignaram em seu interior e estão ativamente desengajadas! Eu fiz parte desses 50% por cinco anos e foi horrível. O pior foi que sequer percebia! Todos nós temos grandes ideias ou sonhos a respeito do que poderíamos ser, ter e fazer. O que aconteceu com seus sonhos? É aqui que o exercício de valor do Capítulo 16 entra em cena. O ideal é construir seus objetivos em torno desses valores e ter um emprego que lhe permita viver de acordo com seus valores. Você não precisa se apressar para realizar algo novo, mas pode começar fazendo mais das coisas que ama. Parece jargão, mas quando encontrar seu objetivo as coisas começarão a entrar no lugar, a se encaixar. Você começará a atrair pessoas, oportunidades e recursos naturalmente e coisas incríveis começarão a acontecer! Nada atrai mais sucesso do que alguém que está fazendo o que gosta de fazer!

Minha amiga Yvonne seguiu sua intuição, abandonou a faculdade de Direito e começou a vender sapatos em uma grande loja de departamentos. Ela adora ajudar pessoas e ama sapatos, então, para Yvonne, a escolha foi óbvia. Ela foi com a cara e a coragem, apesar de as pessoas zombarem dela. Mas não se importava com as piadas e se tornou a maior vendedora na loja de departamentos, vendia centenas de milhares de dólares em sapatos todos os anos, levando para casa o prêmio de funcionária do ano em todos eles, com um salário decente. Na verdade, ela se sai tão bem que os clientes VIP querem ser atendidos apenas por ela. Yvonne curte cada minuto de seu trabalho.

Se você tem a sensação de que está dirigindo sem um roteiro ou um GPS e não sabe para onde ir, ou se não sabe o que está fazendo aqui e por quê, sentindo-se meio perdido e vazio, então isso é um sinal de que você não encontrou seu objetivo. Mas não se preocupe, isso pode ser corrigido em pouco tempo. Você pode encontrar pistas sobre seu objetivo ao examinar seus valores, habilidades, paixões e ambições, dando uma olhada nas coisas que faz bem. Aqui estão mais algumas perguntas que devem ajudá-lo. Tenha a coragem de responder a si mesmo e escreva tudo. Ninguém além de você pode ver as respostas. (Não pule-as, como eu fiz por 15 anos! Quando finalmente as respondi, tudo mudou!)

Responda às seguintes perguntas:

Quem sou eu? Por que estou aqui? Por que eu existo?
O que eu realmente quero fazer da minha vida?
Quando me sinto totalmente vivo?

Quais foram os destaques da minha vida?
O que estou fazendo conforme o tempo passa? O que me inspira?
Quais são meus maiores pontos fortes?
O que eu faria se o sucesso fosse garantido?
O que eu faria se tivesse dez milhões, sete casas e tivesse viajado pelo mundo todo?

Passo para ação:

Veja o vídeo "What if money was no object?" (3:04) no Youtube.

34

Faça uma caminhada todos os dias

> " Uma caminhada matinal é uma bênção para o dia inteiro."
>
> Henry David Thoreau

Sempre que possível, saia e passe um tempo em contato com a natureza. Faça uma caminhada e conecte-se com ela. Assista ao pôr do sol ou ao nascer do sol. Se você estiver correndo ou caminhando, certamente dirá que Henry David Thoreau está certo!

Nosso ritmo de vida tornou-se tão rápido e estressante que reservar algum tempo e caminhar pode trazê-lo à realidade e garantir profundo relaxamento. Escute o silêncio e aproveite. Dar um passeio é uma ótima maneira de reenergizar seu corpo e sua mente. **Um estudo recente de Stanford concluiu que caminhar melhora o seu pensamento criativo.** Quando a esposa de um amigo passou por um período difícil no trabalho e esteve prestes a se esgotar, ela começou a fazer longas caminhadas por uma hora e meia por dia. Isso a ajudou a se desconectar de sua estressante jornada de trabalho, esquecer a raiva do dia e abordar e analisar suas emoções. Em virtude dessa atividade, ela também adormecia com mais facilidade e tinha um sono melhor e mais revigorante à noite. Depois de apenas uma semana, ela se sentia muito melhor! Outra vantagem das longas caminhadas foi que ela se cansou, abaixou a guarda e até começou a ouvir o que o marido tinha a dizer...

Quando você começará a andar uma hora por dia? Faça isso por 30 dias e me conte como está se sentindo!

35
Quais são seus padrões?

❝ Eu ensino as pessoas a me tratarem de acordo com o que permito."
Stephen Covey

Espere e exija mais de si mesmo e daqueles que o rodeiam. Se você realmente quer mudar sua vida, precisa melhorar seus padrões. Tenha uma política de tolerância zero para mediocridade, procrastinação e comportamentos que impeçam seu melhor desempenho! Seus padrões podem ser, por exemplo, sempre dizer a verdade, ser pontual constantemente, escutar de fato as pessoas até que elas terminem de falar, e assim por diante. Mantenha-se em padrões elevados e – o que é tão, ou até mais importante – estabeleça limites para quem o rodeia! Limites são coisas que as pessoas simplesmente não podem fazer com você, como gritar, fazer piadas idiotas ou agir com desrespeito. Comunique-se claramente e crie o hábito de abordar qualquer coisa que o incomode na hora. Lembre-se do que o provérbio diz: "No tom certo, você pode dizer tudo, no tom errado, nada. A arte é encontrar o tom certo". Pratique dizer as coisas em um tom neutro de voz, como você diria "o sol está brilhando".

Se alguém estiver ultrapassando seus limites, *informe*: "Eu não gostei desse comentário" ou "eu não gosto que você fale comigo nesse tom". E se a pessoa continuar, *peça* que pare: "Peço que pare de falar comigo dessa forma." A maioria das pessoas vai entender, mas sempre haverá um ou dois que continuarão. Se isso acontecer, *insista*: "Eu insisto que você pare de falar comigo dessa maneira." Se os três passos não ajudarem, *vá embora*! Afaste-se de modo neutro, afirmando: "Não posso ter essa conversa enquanto você estiver agindo desse modo. Vamos conversar depois."

Passos para ação:

Anote as seguintes coisas:
Coisas que você não aceitará mais em sua vida.
Todos os comportamentos dos outros que você não tolerará mais.
Todas as coisas que você quer se tornar.

36 Adote uma atitude de gratidão!

❝ Seja grato pelo que tem; você vai acabar tendo mais. Se você concentrar-se no que não tem, nunca terá o suficiente."

Oprah Winfrey

Escute a Oprah! Seja grato pelo que você tem todos os dias e atrairá mais coisas pelas quais agradecer. A gratidão recarrega você com energia e aumenta sua autoestima. Está diretamente ligada ao bem-estar físico e mental. A "atitude de gratidão" leva você diretamente à felicidade e é o melhor antídoto para a raiva, a inveja e o ressentimento!

Deixe que se torne parte da sua natureza! **Seja grato pelo que você tem, por todas as pequenas coisas ao seu redor, e até pelo que não tem ainda!**

Não diga: "Ficarei grato quando...", como fiz por muitos anos. Pegue o atalho: seja grato AGORA – não importa o que aconteça – e faça da gratidão um hábito diário; comece o dia agradecendo pelo que tem (em vez de reclamar do que não tem). Isso terá um efeito imediato em sua vida. Concentre-se nas coisas boas que você pode encontrar todos os dias. Os exercícios a seguir fazem parte de cada um dos meus processos de coaching. Faça-os e observe o que acontece.

Passos para ação:

1. Faça uma lista de tudo o que você tem em sua vida pelo que é grato. Anote tudo em que puder pensar. (Esta lista deve ser longa.)
2. Durante 21 dias, todos os dias, escreva em seu diário de 3 a 5 coisas pelas quais você é grato naquele dia. Antes de dormir reviva os momentos. Reviva a felicidade.

37 A mágica da visualização

> "A melhor maneira de prever o futuro é criá-lo."
> Peter Drucker

A visualização é um dos recursos fundamentais na construção de suas experiências.

A parte subconsciente do seu cérebro não consegue distinguir entre uma visualização bem-feita e a realidade. Isso significa que, se você visualizar seus objetivos com muita emoção e em grandes detalhes, sua mente subconsciente ficará convencida de que está realmente acontecendo. Você terá motivação, oportunidades e ideias que irão ajudá-lo a colocar sua vida no estado desejado. O que estou dizendo? Você pode praticar esportes por pura visualização?

Bem, na verdade, você pode. Existem vários estudos que confirmam o poder da visualização.

Nos anos 1980, Tony Robbins trabalhou com o Exército dos EUA e usou técnicas de visualização para aumentar drasticamente o desempenho de tiro. Também existem outros estudos realizados para melhorar os índices de arremessos livres de jogadores de basquete usando as mesmas técnicas. Os resultados foram surpreendentes! Se você analisar os atletas de perto, todos visualizam suas corridas e partidas. Veja como esquiadores, pilotos de Fórmula 1, jogadores de golfe, tenistas e até os jogadores de futebol visualizam situações no jogo, dias e horas antes da partida. Jack Nicklaus, Wayne Gretzky e Greg Louganis – para citar alguns – são conhecidos por terem alcançado seus objetivos com a visualização. No coaching, usamos técnicas de visualização com objetivos. Visualize-se já tendo atingido a meta. Veja com seus próprios olhos e coloque todos os seus sentidos nisso: cheire, ouça, sinta, prove. Quanto mais emoções colocar nisso, mais impacto terá. Se fizer isso por 15 minutos todos os dias, ao longo do tempo você terá resultados enormes. Reserve um tempo para a visualização diária, seja no ritual da manhã ou à noite antes de ir para a cama. Pode ser útil fazer uma colagem de imagens que representam seu objetivo em uma folha de cartolina A3 para colocar no seu quarto ou em algum lugar onde você possa ver. Compre algumas revistas e recorte as fotos que representam suas metas. Você também pode criar um protetor de tela de várias fotos no seu computador ou notebook. Se o seu objetivo é riqueza, coloque uma foto da casa dos seus sonhos, uma foto de notas de dinheiro ou o que a riqueza significa para você. Se você pesquisar por "quadro de visualização" no Google, certamente encontrará muitos exemplos. Olhe para sua colagem todos os dias, por 5 minutos depois de se levantar e por 5 minutos antes de ir para a cama, e imagine-se vividamente com seu objetivo já realizado.

38. E se?

> " Nossas expectativas não só afetam como vemos a realidade, como também afetam a própria realidade."
>
> Dr. Edward E. Jones

Sempre espere o melhor! A vida nem sempre dá o que você quer, mas certamente dá o que você espera! Você espera sucesso? Ou você passa a maior parte do tempo se preocupando com o fracasso? Nossas expectativas sobre nós mesmos e os outros vêm de nossas crenças subconscientes, e elas têm um enorme impacto em nossas realizações. Suas expectativas influenciam sua atitude, e sua atitude tem muito a ver com o seu sucesso.

Suas expectativas também afetam sua disposição de agir e todas as suas interações com os outros. Muitos de nós sabemos tudo isso e, no entanto, a maioria espera resultados negativos ao fazer uma das perguntas favoritas da mente: a pergunta "e se". Ao perguntar, **estamos frequentemente focados no que não funciona:** "E se não der certo?", "E se tal pessoa não sair comigo?", "E se eu não conseguir o emprego?". "E se eu não receber o aumento?", "E se eu perder meu emprego?" No entanto, isso não é bom, não é bom focar o que tememos. **Por que não mudar e perguntar a si mesmo, a todo pensamento limitante ou negativo: "E se o oposto fosse verdadeiro"?**, "E se desse supercerto?", "E se tal pessoa disser sim?", "E se eu receber um aumento?", "E se eu me tornar um milionário com essa ideia?", "E se eu encontrasse recursos?", "E se eu puder fazer isso acontecer?", "E se agora for a hora?", "E se este livro me ajudar a mudar minha vida de verdade?".

O simples ajuste na forma como você faz uma pergunta transforma você, sua energia e a resposta que você recebe. Muda seu pensamento e seu diálogo interior. De repente, você começa a fazer perguntas otimistas em sua cabeça, e não perguntas pessimistas. Os benefícios de mudar seu pensamento serão:

- Menos estresse, medo e ansiedade.
- Você se sentirá mais tranquilo.
- Seu nível de energia aumentará.
- Isso permitirá que você seja o criador de sua própria experiência.

Experimente! Como você se sentiu lendo isso? Escreva uma lista de todos os seus medos e "e se" negativos e depois transforme essas perguntas em "e se" positivos.

39
Solte o passado

> "Devemos estar dispostos a abandonar a vida que planejamos, a fim de ter a vida que espera por nós."
> Joseph Campbell

> "Quando deixo o que sou, me torno o que posso ser. Quando deixo o que tenho, recebo o que preciso."
> Tao Te Ching

Cada momento em que você vive no passado é um momento que você rouba do seu presente e futuro. Pare de reviver seu drama – não se apegue a isso. **SOLTE!** Somente se você tiver a coragem de abandonar o antigo poderá estar aberto às coisas novas que entrarão na sua vida. Não desperdice seu tempo pensando em coisas que poderiam ou deveriam ter acontecido ou que não ocorreram como você queria no passado. Não faz sentido! Você não pode mudar o que aconteceu! Lembre-se de **se concentrar no que deseja, não no que você não quer.** Se você se concentrar em situações que não deram certo no passado, pode atrair mais dessas situações. **Aprenda com suas experiências passadas e siga em frente.** É tudo o que você precisa fazer a partir de agora. Fácil, não é? Concentre-se no que quer fazer bem no futuro e não no que deu errado no passado. Você precisa soltar o passado, de modo a ficar livre para que coisas novas possam entrar em sua vida! Solte a bagagem velha, termine os negócios inacabados e encerre assuntos com as pessoas. Deepak Chopra está certo quando diz: "Eu uso memórias, mas não permitirei que as memórias me usem". Conclua o passado, a fim de que você possa ser livre para apreciar o presente.

A partir de agora, adote a mentalidade de que você sempre encerrará seus assuntos. Não deixe nada incompleto em seus relacionamentos, no trabalho e em todas as outras áreas. Siga em frente.

Passo para ação:

O que está incompleto em sua vida? Faça uma lista e trabalhe nela!

40 Celebre suas vitórias!

> " Celebre o que você quer ver em maior quantidade."
> Thomas Peters

Em seu caminho para mudar a vida e alcançar seus objetivos também é importante estar ciente de seu progresso! Pare de vez em quando e comemore suas vitórias! **Comemore o fato de você ser melhor do que era na semana passada! Não deixe suas pequenas vitórias passarem despercebidas!** Durante o trabalho com meus clientes, uma de suas tarefas constantes é: celebrar suas pequenas vitórias. Vale a pena comemorar cada etapa da ação concluída. **Para cada exercício deste livro que você concluir, recompense a si mesmo: compre algo que você sempre quis, vá ao cinema, faça o que for bom para você. Se você aprendeu novos hábitos e vê grandes melhorias, faça uma viagem! Você merece!** Com o que você se recompensará pelo progresso feito até agora? Você poderia passar um dia no spa ou curtir um bom jantar? Você faria um passeio?

1. _____
2. _____
3. _____
4. _____
5. _____

Seja feliz AGORA!

> " Felicidade é o significado e o propósito da vida."
> Aristóteles

A felicidade é uma viagem, não um destino! A felicidade também é uma escolha! É um estado interno, não um estado externo. Felicidade é um hábito, um estado da mente. Felicidade é muitas coisas!

Mas o principal e mais importante é: O que é felicidade para VOCÊ? Você pode ser feliz agora mesmo! Não acredita em mim? Tudo bem. Feche os olhos por um momento. Pense em uma situação que o deixou muito, muito feliz. Reviva essa situação em sua mente. Sinta, cheire, ouça! Lembre-se da emoção e alegria! E aí? Como se sentiu? Funcionou? Como você está se sentindo agora? A felicidade não depende de seu carro, sua casa, nem de qualquer coisa no mundo exterior. Você pode ser feliz aqui, agora! Não perca os pequenos prazeres da vida enquanto vai atrás dos grandes. Aprecie a beleza ao seu redor! Aprecie as pequenas coisas! Não adie a vida até ganhar na loteria ou se aposentar. Faça as coisas divertidas agora com o que você tem. Viva todos os dias completamente como se fosse seu último! Comece sendo feliz agora. Sorria o máximo que puder – mesmo que não esteja de bom humor, porque sorrindo você está enviando sinais positivos para o seu cérebro. Diversão e humor são essenciais para uma vida longa e boa, satisfação no trabalho, realização pessoal, relacionamentos pessoais e equilíbrio da vida. Então ria muito e divirta-se muito! Quais dessas razões VOCÊ tem agora para ser feliz?

- Você tem um ótimo trabalho.
- Você ama seu trabalho.
- Você tem ótimos filhos.
- Você tem um ótimo parceiro.
- Você tem ótimos pais.
- Você é livre.

...

Responda às seguintes perguntas:

O que é felicidade para você? (Seja específico.)
Quantos sorrisos você deu na semana passada?
Quantos sorrisos você recebeu?

Passos para ação:

Lembre-se dos momentos que o deixaram mais feliz em sua vida. Anote pelo menos cinco momentos que fizeram você se sentir excepcionalmente bem:

1. _____
2. _____
3. _____
4. _____
5. _____

Reviva esses momentos com todas as suas emoções e felicidade. Qual é a sensação?

42
Ser multitarefa é uma mentira!

> "Na maioria das vezes, ser multitarefa é uma ilusão. Você pensa que é multitarefa, mas na realidade está perdendo tempo ao mudar de uma tarefa para outra."
>
> Bosco Tjan

Faça uma coisa de cada vez! Os estudos mais recentes mostram que ser multitarefa é realmente menos produtivo do que fazer uma coisa de cada vez com um esforço concentrado. Alguns estudos até sugerem que isso o torna mais lento e – atenção – menos inteligente!

Mesmo que pense que está sendo multitarefa, na verdade você faz uma coisa de cada vez, não é? Você pode ter cinco tarefas para realizar, mas tenho certeza de que não faz as cinco coisas ao mesmo tempo. Você está redigindo um e-mail. Então para de escrever e recebe uma ligação. Você desliga e continua redigindo o e-mail. Um colega vem até você com uma pergunta. Você para de escrever seu e-mail e responde à pergunta, e assim por diante. Então esqueça a ideia de ser multitarefa. Concentre-se em fazer uma coisa de cada vez e faça com concentração!

43 Simplifique sua vida

❝ A vida é bem simples, mas insistimos em torná-la complicada."

Confúcio

❝ O segredo não é priorizar o que está na sua agenda, mas agendar suas prioridades."

Stephen Covey

Se você começou a aplicar algumas das coisas que aprendeu até agora neste livro, sua vida já deve estar um pouco mais simples. Você se desfez de acúmulos? Limpou seu armário? Livrou-se de alguma tolerância? Desvencilhou-se de algumas pessoas que o arrastam para baixo? Foi Stephen Covey quem disse que "a maioria de nós gasta muito tempo com o que é urgente e não sobra tempo suficiente para o que é importante". Você conhece suas prioridades ou está apenas tentando lidar com o que vem,, apagando incêndios o tempo todo? Talvez seja hora de conseguir um tempo para as coisas realmente importantes em sua vida. **Um grande passo em direção a simplificar sua vida é concentrar-se no importante, nas atividades que façam sentido para você, e encontrar uma maneira de eliminar ou reduzir o tamanho das outras atividades.** Isso pode ser feito automatizando, delegando, eliminando, ou contratando ajuda. **Se você quiser fazer tudo, no final não fará nada.** Sua agenda está muito cheia? Você tem muitos compromissos? Simplificar é reduzir as necessidades em sua vida e aprender a viver com menos. **O que você pode reduzir?** Possui muitas roupas e coisas? Está gastando muito tempo cozinhando? Por que não pedir ajuda ou apenas preparar refeições mais simples? Quem da sua família pode apoiá-lo? Você pode simplificar sua vida financeira realizando operações bancárias via internet? Por que não pagar tudo em dinheiro e comprar apenas coisas de que realmente precisa? E a sua vida on-line? Você gasta muito tempo nas redes sociais ou trocando mensagens instantâneas? Talvez seja hora de ficar um pouco mais disciplinado. Defina horários fixos para estar on-line e cumpra-os! Use um *timer*, se necessário. Organize a área de trabalho no seu computador e na sua caixa de entrada de e-mails. Meu cliente Marc fez isso e a organização virtual teve o mesmo efeito sobre ele que a organização física teria. Ele se livrou de um grande peso que estava carregando e, portanto, obteve muito mais energia. Verifique seus e-mails apenas em determinados horários durante o dia e desative o aviso de chegada de e-mail e de mensagem de texto para não se distrair o tempo todo. Agora também é um bom momento para cancelar a inscrição de periódicos, que estão se acumulando e que você nunca lê, e de se perguntar se realmente precisa ler três jornais diferentes todo dia. Você demora para chegar ao trabalho? Talvez possa pedir ao seu chefe para trabalhar em casa uma ou duas vezes por semana. Você está trabalhando horas demais? Veja se os capítulos sobre gerenciamento de tempo e sobre como se organizar podem ajudá-lo a reduzir seu tempo de trabalho e a ter mais tempo para fazer as coisas que adora. E faça um favor a si mesmo: não leve trabalho para casa – nem física nem mentalmente. Se você não fez o trabalho durante o expediente, examine seus hábitos e altere-os, se possível. Isso é extremamente importante. **Pare de pensar sobre o trabalho quando estiver em casa. Preocupar-se com algo que não pode ser alterado no momento é desperdiçar energia.** Pense no que você pode fazer sobre isso amanhã no trabalho e esqueça o assunto por enquanto.

Responda às seguintes perguntas:

Onde você vê o excesso em sua vida?
Você tem muitas coisas de que não precisa nem usa?
Sua agenda está sempre cheia?

Você tem tempo na sua agenda para si e para as coisas que gosta de fazer?

Quais são as tarefas mais importantes no seu dia a dia (casa e/ou trabalho)?

Quais dessas tarefas podem ser facilmente delegadas, automatizadas ou eliminadas?

44 Sorria mais!

> " Às vezes, a sua alegria é a fonte do seu sorriso, mas às vezes o seu sorriso pode ser a fonte da sua alegria."
>
> Thích Nhât Hanh

Sorria! Mesmo que não sinta vontade! Sorrir melhora a qualidade da sua vida, saúde e relacionamentos. Se você ainda não faz isso, comece a sorrir *conscientemente* hoje. Embora eu não possa confirmar o estudo que é citado em muitos livros e blogs de autoajuda de que crianças de 4 a 6 anos riem 300-400 vezes por dia e adultos apenas 15, pode muito bem ser verdade.

Basta observarmos nossas experiências pessoais com crianças e, sinceramente, essa informação combina muito bem com os resultados do estudo. **O que se confirma é que rir e sorrir são coisas extremamente boas para a saúde! A ciência demonstrou que rir ou sorrir muito diariamente melhora seu estado mental e sua criatividade. Então ria mais!!** Comprometa-se a assistir a pelo menos uma hora de comédia ou de coisas divertidas por dia e rir até as lágrimas rolarem por suas bochechas. Você se sentirá muito melhor e cheio de energia quando adotar esse hábito. Experimente.

Um estudo de Tara Kraft e Sarah Pressman da Universidade do Kansas demonstrou que sorrir pode alterar sua resposta ao estresse em situações difíceis. E também mostrou que sorrir pode diminuir sua frequência cardíaca e os níveis de estresse – mesmo que você não esteja se sentindo feliz. Sorrir envia um sinal ao seu cérebro de que tudo está bem. Veja também o Capítulo 60 "Finja até conseguir" e o Capítulo 61 "Mude sua postura". Tente na próxima vez em que se sentir estressado ou sobrecarregado, e me conte se deu certo. Se você acha que não tem nenhuma razão para sorrir, segure uma caneta ou um hashi com os dentes: simula um sorriso e pode produzir os mesmos efeitos. Se você precisar de mais incentivos para sorrir, pesquise o estudo da Wayne University que encontrou um elo entre sorrir e a longevidade! Quando você sorri, seu corpo inteiro envia a mensagem "A vida é ótima" para o mundo. Estudos mostram que pessoas sorridentes são percebidas como mais confiantes e inspiram mais confiança. As pessoas se sentem bem perto de pessoas que sorriem.

Outros benefícios do sorriso são:

- ▶ Liberar serotonina (que faz com que nos sintamos bem).
- ▶ Liberar endorfinas (que reduz a dor).
- ▶ Abaixar a pressão sanguínea.
- ▶ Aumentar a clareza.
- ▶ Aumentar o funcionamento do sistema imunológico.
- ▶ Oferecer uma visão mais positiva da vida (não há como ser pessimista enquanto sorri).

Exercício:

Nos próximos sete dias, fique na frente de um espelho e sorria para si mesmo por um minuto. Faça isso pelo menos três vezes ao dia e observe como se sente.

45

Comece a adotar as *power naps*

❝ Quando você não consegue descobrir o que fazer, é hora de tirar uma soneca."

Mason Cooley

Um dos meus preferidos, sem dúvida. E, ao mesmo tempo, é cientificamente comprovado que uma *power nap* (ou "soneca revigorante") no meio do dia reenergiza, recarrega a mente e aumenta a produtividade. Para mim, isso abriu meus olhos. Durante meu período mais estressante no trabalho – quando eu estava quase esgotado porque o estresse, as ameaças e reclamações dos clientes estavam ficando insuportáveis (às vezes, eu achava que estávamos fazendo uma cirurgia de emergência, mas estávamos apenas produzindo livros) – comecei a tirar uma soneca revigorante e a mudança foi extraordinária. Eu ficava muito menos estressado e bem mais calmo quando ouvia reclamações e conseguia encontrar soluções. Por um tempo, eu dormia de 25 a 30 minutos em um banco de um parque próximo ao trabalho, e depois eu passei a unir duas cadeiras no escritório e dormia lá. De repente, foi como se meu dia de trabalho ganhasse duas metades e o meio-dia fosse o intervalo. Eu começava a "segunda metade" sempre revigorado. Além disso, também me tornei muito mais produtivo porque o cansaço típico após o almoço entre 14h e 17h se foi. Você vai tentar tirar uma soneca revigorante? Quando vai começar?

46 Leia durante meia hora por dia

> " O homem que não lê não tem vantagem sobre o homem que não sabe ler."
> Mark Twain

Se você ler durante meia hora por dia, são três horas e meia por semana e 182 horas por ano! Isso é muito conhecimento à sua disposição. Um dos meus primeiros objetivos escritos durante meu treinamento de coaching foi "ler mais". Isso ocorreu em um momento em que fazia anos que eu não lia um livro. Agora estou devorando uma média de dois livros por semana. Estudei mais nos últimos 6 meses do que nos 15 anos anteriores – incluindo meus estudos de Negócios Internacionais. Por isso **sempre leve um livro consigo.** Se você substituir o hábito de ver TV ou, pior ainda, de tomar conhecimento das notícias pela leitura de um bom livro antes de ir para a cama, obterá o benefício adicional da paz de espírito. Outro efeito colateral é que você aumentará sua criatividade. Então, o que está esperando? Faça uma lista de 6 livros que você lerá nos próximos três meses! Se não sabe o que ler, confira meu site para obter recomendações. **Mas faça essa lista AGORA!**

47
Comece a economizar

> " Pessoalmente, tenho a tendência de me preocupar com o que economizo, e não com o que gasto."
>
> Paul Clitheroe

Isso é ensinado por todos os gurus da riqueza. Eu li isso pela primeira vez há muitos anos, no livro de Talane Miedaner, *Coach yourself to success*. Esse único conselho mudou tudo para mim e foi a base para eu deixar o emprego e seguir o meu sonho anos depois. Após economizar bastante dinheiro para viver de nove meses a um ano, as coisas começam a mudar. É uma grande vantagem. Por exemplo, você para de depender do humor do seu chefe. Você pode se impor e dizer: "Se você tiver problemas com o meu trabalho, é só me dizer." Se no seu emprego atual as pessoas não respeitam seus limites ou até o assediam, no pior dos casos você pode deixá-lo e procurar outro trabalho. Ou tirar um ano sabático. Além disso, você não fica desesperado em entrevistas de emprego porque não precisa dele tanto assim. Como coach, para mim foi e ainda é importante possuir sempre uma reserva para que eu tenha a liberdade de só trabalhar com meus clientes ideais e poder dizer "não" aos clientes que não são adequados (o que um coach deve fazer de qualquer maneira, porque o coaching só funciona se a "química" for recíproca). Trabalhar pela necessidade de ter dinheiro certamente não traria bons resultados. Ter uma reserva de 9, 12 ou até 18 salários (quanto mais, melhor!) economizados alivia muito o estresse e faz você se sentir muito mais seguro e com paz de espírito. Para começar a economizar, você precisa gastar menos ou ganhar mais. Na maioria das vezes, é mais fácil reduzir seus gastos e analisar para onde seu dinheiro está indo. A melhor maneira é automaticamente deduzir o valor da sua conta no início do mês e colocá-lo em uma conta de poupança.

Responda às seguintes perguntas:

Você vai tentar?
Quando começará a economizar?

48
Perdoe a todos que lhe prejudicaram (e, acima de tudo, perdoe a si mesmo)

> " O fraco não consegue perdoar. O perdão é atributo do forte."
>
> Mahatma Gandhi

> " As pessoas podem perdoar mais do que você imagina. Mas você tem que perdoar a si mesmo. Solte o que for amargo e siga em frente."
>
> Bill Cosby

O perdão é crucial no seu caminho para o sucesso, para a realização e para a felicidade! Pessoalmente, eu precisei de muito, muito tempo para aprender isso!

Por que perdoar alguém se a pessoa errou comigo e tem toda a culpa? **A resposta curta: é um ato egoísta!** Você está fazendo isso por si mesmo, não pela outra pessoa! Não se trata de estar certo ou errado, mas sim de você estar bem e não perder muita energia! A raiva e o ressentimento e, pior ainda, reviver o ódio repetidas vezes são enormes ladrões de energia! Quem passa noites sem dormir? Quem fica cheio de raiva e não aproveita o momento presente? Você ou a pessoa a quem não perdoa? Faça um favor a si mesmo e solte isso! Quando um jornalista perguntou ao Dalai Lama se ele estava zangado com os chineses por ocuparem seu país, ele respondeu: "De maneira nenhuma. Envio-lhes amor e perdão. Não adianta ficar zangado com eles. Não vai mudá-los, mas eu poderia ter uma úlcera com a minha raiva e isso realmente OS BENE-FICIARIA". Adapte a atitude do Dalai Lama em relação às pessoas que fizeram mal a você e veja o que acontece. Solte, perdoe as pessoas que o machucaram, esqueça-as e siga em frente. Mas tome cuidado. **Se você diz "eu os perdoo, mas não esqueço", você não está perdoando!** Isso não significa que você não possa colocar limites no comportamento dos outros ou repreendê-los imediatamente. Mas depois entenda as consequências e esqueça. Entre em contato com as pessoas a quem você prejudicou ou machucou e peça desculpas e, se isso for muito desconfortável, escreva uma carta para elas.

Acima de tudo: perdoe a si mesmo! Quando você aprender a se perdoar, será mais fácil perdoar os outros. Faça isso! As mudanças que você verá quando conseguir perdoar os outros e, acima de tudo, a você mesmo, são incríveis!

Passos para ação:

1. Faça uma lista de todos que você não perdoou.
2. Faça uma lista de tudo pelo que você não se perdoou.
3. Perdoe.

Responda às seguintes perguntas:

Como seria sua vida se você se aceitasse exatamente como é, sem autocrítica?

Como seria sua vida se você perdoasse a si e aos outros?

Chegue dez minutos mais cedo

> " Enquanto mantemos um homem esperando, ele reflete sobre nossas deficiências."
>
> Provérbio francês

A pontualidade é um sinal de disciplina e respeito pelos outros. Sem ela, você pode parecer um pouco ofensivo, mesmo se for a pessoa mais bacana no mundo. Claro que existem diferenças culturais. Por exemplo, enquanto no México e na Espanha as pessoas são muito relaxadas em relação à pontualidade, não ser pontual na Alemanha é visto como altamente não profissional e pode arruinar suas chances em qualquer empreendimento. Aqui está outra ótima dica do livro de Talane Miedaner, *Coach yourself to success*, que eu transformei em um hábito: ser pontual não para ser especialmente educado, mas sim por mim. Isso porque, quando comecei a ser pontual, notei que aqueles 10 minutos fizeram com que eu me sentisse muito melhor e me deram muita paz de espírito. Quando chegava em algum lugar, não estava com pressa e tinha 10 minutos para reunir meus pensamentos e me acostumar com o ambiente, e em vez de me sentir apressado, eu me sentia muito relaxado. Eu também me sinto muito confortável, profissional e educado quando chego 10 minutos mais cedo. Na verdade, agora me sinto desconfortável quando chego na hora certa. **Experimente e veja por si mesmo se isso melhora sua vida ou não!**

50 Fale menos, ouça mais!

> " Quando as pessoas falarem, ouça completamente. A maioria das pessoas nunca escuta."
> Ernest Hemingway

Uma das ferramentas mais importantes de um coach e também uma das mais importantes lições do meu treinamento de coaching é a habilidade e a capacidade de "escuta ativa" ou de ouvir profundamente.

Ouvir profundamente significa ouvir a pessoa à sua frente dando a ela toda a sua atenção. Significa acalmar a voz em sua cabeça, que vem com conselhos e uma solução trinta segundos após a pessoa começar a falar. **Muitas pessoas não estão ouvindo para entender, mas para responder!** Elas estão apenas esperando seu interlocutor fazer uma pausa para que possam começar a falar. **Se você está ensaiando o que vai dizer em seguida, não está ouvindo!** Não interrompa. Ouça até a pessoa terminar. Se você quer dar conselho, peça permissão. Na maioria das vezes, a pessoa que está falando vai encontrar uma solução – se você deixá-la terminar. Experimente! Você pode levar suas conversas e relacionamentos para um novo nível quando as pessoas sentem que são ouvidas por você.

Seja um bom ouvinte!

51
Seja a mudança que você deseja ver no mundo!

> " Seja a mudança que você quer ver no mundo."
> Mahatma Gandhi

Você está tentando mudar outras pessoas? Eu tenho uma notícia para você: pode parar AGORA. É impossível! Você não pode ajudar pessoas que não querem ajuda e simplesmente não pode mudar outras pessoas. Então pare de desperdiçar energia preciosa e comece a se concentrar no que pode fazer. E você pode ser um exemplo! **Seja a mudança que você deseja ver no mundo!** Já ouviu falar da ideia de que outras pessoas são como espelhos de nós mesmos? Isso significa que as coisas de que não gostamos nelas geralmente são coisas que temos que trabalhar e/ou equilibrar em nós mesmos. Quando eu estava "mentalmente tolhido", sempre ficava bravo com a falta de boas maneiras nos jovens que não ofereciam seus assentos a idosos no trem. Quando observava isso, costumava iniciar um diálogo interno negativo perguntando "aonde esse mundo está indo, não é possível, os jovens não têm boas maneiras, por que eu devo me levantar, se tenho 40 anos?, blá-blá...". Até que um dia eu parei de reclamar dos jovens e ofereci meu lugar. Cara, isso foi bom! **Não sou responsável pelo comportamento de outras pessoas. Sou responsável apenas pelo meu próprio comportamento.** Então, sendo um exemplo, eu ganho duas vezes: a primeira por não ter esse diálogo irritante interior, e a segunda porque sinto que fiz algo certo e que traz uma boa sensação! E talvez eu tenha servido de exemplo para outra pessoa que oferecerá seu assento na próxima vez. Um dos maiores insights que meus clientes experimentam é quando passam de "os outros têm que mudar" para "se eu mudar, talvez o outro também mude". Quase dá para ver a lâmpada acesa sobre a cabeça deles. Não podemos mudar os outros. A única coisa que você pode fazer é aceitar as pessoas como elas são e ser o melhor exemplo e pessoa que puder ser. Você está reclamando do seu sócio, colega ou cônjuge? Seja o melhor colega ou cônjuge possível! Você está reclamando de seus funcionários? Seja o melhor chefe possível! Você quer ser amado exatamente como é? Comece amando as pessoas do jeito que elas são.

Responda às seguintes perguntas:

O que você quer mudar?
Por que não começar com você mesmo?
O que você fará de forma diferente?

52
Pare de tentar e comece a fazer!

> " Não tente. Faça ou não faça. Não há tentativa."
>
> Mestre Yoda, Star Wars

Você pode fazer um grande favor a si mesmo se parar de usar a palavra "tentar".

Tire-a de seu vocabulário! **Tentar implica falhar.** O que você prefere que uma pessoa lhe diga se colocá-la no comando de uma tarefa: "Vou tentar fazer isso" ou "Vou dar um jeito"? **Faça ou não faça!** Quando eu estava no começo da minha carreira de coach, logo descobri que os meus clientes que tentavam fazer a lição de casa geralmente não faziam. Aqueles que tentaram encontrar mais tempo não o encontraram. Aqueles que tentaram se exercitar três vezes por semana não fizeram isso. A partir de então, quando alguém me dizia: "Vou tentar", eu perguntava: "Vai fazer ou não?" **Não há tentativa!** É como a Nike diz: "Apenas faça!"

Se você fizer e funcionar... ótimo! Parabéns! Se fizer e não funcionar, tudo bem. Vamos dar uma olhada nisso. O que deu errado? Você aprendeu algo com a experiência? O que pode mudar para obter o resultado que quer? Faça de novo! **Apenas tentar não vai levar você a lugar nenhum. Estou de acordo com o Mestre Yoda: faça ou não faça!**

53
O poder das afirmações

> "Aqui está um fato muito significativo – a mente subconsciente acata qualquer ordem dada em um estado de FÉ absoluta, e age de acordo com essa ordem, embora a ordem muitas vezes tenha que ser apresentada repetidas vezes até ser interpretada pela mente subconsciente."
>
> Napoleon Hill

Nós já conversamos sobre a importância do diálogo interno positivo. Uma técnica muito boa é usar afirmações. Ao repetir frases afirmativas, muitas vezes por dia, você convence sua mente subconsciente a acreditar nelas. E quando sua mente subconsciente estiver convencida, você começa a agir de acordo e "atrai" as circunstâncias para sua vida e vê oportunidades em todos os lugares. É importante fazê-las de modo positivo e no presente para que sua mente subconsciente não possa diferenciar se já é verdade ou "apenas" imaginação. **As afirmações têm que ser pessoais, declaradas positivamente, específicas, com carga emocional e no tempo presente.** Aqui estão alguns exemplos:

- O dinheiro chega até mim com facilidade e sem esforço.
- Oportunidades entram em minha vida agora.
- Falar na frente de uma grande plateia é fácil para mim.

- Tenho sucesso nos meus negócios.
- Estou saudável e em forma.

Use afirmações para atrair as coisas que você deseja em sua vida. Quanto mais você pratica, melhor fica. A primeira vez que você disser: "O dinheiro chega a mim com facilidade e sem esforço", sua voz interior ainda dirá: "Até parece! De jeito nenhum!". No entanto, após repetir 200 vezes por dia, depois de uma semana você vai silenciar sua voz crítica interior.

Faça de suas afirmações uma companhia constante. Repita-as sempre que quiser e veja o que acontece em sua vida. No entanto, existem alguns estudos que atestam que as afirmações têm efeitos negativos quando seu crítico interno simplesmente não se convence. Se você não vê nenhum benefício, tente outras técnicas como fitas subliminares ou faça a si mesmo outras perguntas, como "Por que estou tão feliz? Por que tudo está dando certo?"

Noah St. John escreveu um livro inteiro sobre o poder de fazer a si mesmo as perguntas certas. Seu "Livro de Aformações" – perguntas que convencem a mente (*O código secreto do sucesso*) pode ser útil para você!

54
Escreva 25 vezes por dia

> " É a repetição de afirmações que leva à crença. E quando uma crença se torna uma convicção profunda, as coisas começam a acontecer."
>
> Muhammad Ali

O objetivo deste exercício é ajudá-lo a "martelar" seus desejos em sua mente subconsciente até você realmente acreditar que eles são verdade! Lembre-se de como sua mente subconsciente funciona. Para criar uma nova crença em seu sistema de crenças, você precisa repetir várias vezes. Mesmo se este exercício ficar chato, continue escrevendo!

Como funciona?

1. Escolha sua declaração.
2. Faça com que seja pessoal, comece com "eu sou".
3. Faça com que seja uma afirmação positiva.
4. Use o tempo presente. Por exemplo: "Estou ganhando X mil reais por ano."
5. Faça este exercício logo de manhã.

É bom reservar um pequeno caderno para ele. Você pode melhorar seus resultados fazendo o exercício duas vezes por dia: de manhã e antes de ir dormir.

55
Pare de dar desculpas

> A única coisa entre você e seu objetivo é a história mentirosa que você continua contando a si mesmo para explicar por que não consegue alcançá-lo."

Jordan Belfort

O que acontece quando você começa a sair da sua zona de conforto? Em função de medos e dúvidas, sua mente apresenta as maiores desculpas: não é o momento certo, sou muito jovem, sou muito velho, é impossível, não posso e, meu favorito, não tenho dinheiro. E as pessoas com dinheiro dizem: não tenho tempo. "Sim, mas meu caso é diferente", você pode dizer. Não, não é! Acredite em mim. O momento certo nunca vem, então você pode começar aqui e agora ou esperar para sempre. Uma crise é sempre uma oportunidade. Você não é jovem nem velho demais.

Faça uma pesquisa na internet. A rede está cheia de histórias de pessoas que realizam seus sonhos em idade avançada ou abrem uma empresa em tenra idade. Não tem dinheiro? Ou apenas está gastando-o em lugares errados, comprando uma nova TV ou console de videogame em vez de investi-lo em seu treinamento? O engraçado é que as pessoas que trabalham com um consultor financeiro sério ou coach financeiro, de repente, encontram dinheiro! Da mesma maneira como todos os meus clientes que pensavam não ter tempo encontraram tempo. "Sim, mas meu caso é diferente!". Bem, você pode continuar dizendo isso para si por mais tempo ou pode se livrar das desculpas de uma vez por todas e começar a tomar uma atitude, porque uma coisa é certa: se você continuar fazendo o que está fazendo, continuará recebendo o que está recebendo! Então como vai ser?

Responda às seguintes perguntas:

O que você vai escolher a partir de agora? Desculpas ou ação focada?
Quais são as desculpas que você está usando para não mudar e permanecer no mesmo lugar?

56
Mantenha as expectativas baixas e brilhe

" Sempre entregue mais do que o esperado."
Larry Page

Esse é outro truque e provavelmente o melhor truque de gerenciamento de tempo que eu já aprendi. Mudou minha vida profissional e pessoal de uma maneira extraordinária e reduziu o estresse no trabalho para praticamente zero! A maior parte de meu estresse no trabalho vinha de prazos e eu, ou nós, como empresa, estávamos sempre lutando, o que fazia com que os dias em que nossos produtos eram enviados para os clientes – o que acontecia todos os dias na alta temporada – fossem horríveis e muito estressantes. Estávamos sempre em cima da hora ou atrasados e eu tinha que acalmar os clientes zangados e às vezes histéricos... até que comecei a prometer menos do que conseguia cumprir: descobri que mais de 90% das nossas entregas atrasadas demoravam apenas algumas horas, então recebi a permissão do meu chefe e fiz uma planilha de entregas, à qual apenas eu tinha acesso. Se a produção me dava uma data de entrega de 5 de abril, eu dizia ao cliente que seria entregue em 10 de abril. Então, se nós entregávamos em 7 de abril, em vez de um cliente irritado ameaçando nos multar ou processar, ele ficava extremamente grato por receber com três dias de antecedência. Três anos depois, reduzimos as entregas atrasadas de quase 50% a praticamente zero. Como funcionou tão bem, comecei a aplicar isso em todos os aspectos da minha vida. Quando meu chefe me dava um projeto que me tomaria 3 dias, eu dizia a ele que precisaria de 5 dias. Se eu terminasse após quatro dias, ótimo, e se demorasse um pouco mais, ainda estaria no prazo – e sem fins de semana no escritório. Se eu soubesse que teria que ficar mais tempo no trabalho, dizia à minha esposa que voltaria para casa às 21h. Quando chegava às 20:30, eu era visto como um herói. Mas tome cuidado! Isso funcionou para mim. Meus colegas que conheciam o truque sempre diziam que um dia eu poderia encontrar uma surpresa desagradável no armário... Bem, essas são as coisas que vemos nos filmes...

57
Crie o seu dia ideal

> "Verei quando acreditar!"
> Dr. Wayne W. Dyer

Este é o exercício favorito de muitos coaches e o ponto de partida para muitos processos de coaching. **Crie o seu dia ideal!** Como você gostaria que sua vida ideal fosse? O que você faria se tivesse todo o tempo e dinheiro do mundo? Onde você moraria? Teria uma casa ou um apartamento? Qual seria seu trabalho? Com quem você estaria? O que estaria fazendo? É hora de sonhar grande novamente! Não se limite. Imagine sua vida ideal de modo vívido! Como ela é?

Escreva em detalhes! Agora você já sabe sobre o poder de escrever as coisas! **Escreva exatamente como gostaria que sua vida ideal fosse.** Tenha um caderno especial para a criação de seu dia ou de sua vida ideal. Muitas pessoas até fazem uma colagem com fotos que representam seus sonhos ou ideais e a colocam em algum lugar onde possam vê-la diariamente. Muito importante: DIVIRTA-SE! É fundamental criar essa visão e tê-la em mente. Então vamos começar:

1. Sem distrações. Sente-se por uma hora. Desligue tudo. Sem telefone celular, sem rádio, sem TV.
2. Faça a imaginação ganhar vida! Descreva tudo. A que horas você acorda? Em que tipo de casa mora? Como está sua saúde? Quem está ao seu lado? Qual é o seu trabalho? Lembre-se de que não há limites!

3. Uma vez por semana, leia com entusiasmo o seu dia ideal. Coloque muita emoção nele!

Opcional:

Você também pode gravar-se lendo seu dia ideal com emoção e ouvir a gravação todas as noites antes de ir para a cama.

Você está pronto? Comece a escrever seu dia ideal agora mesmo!

58
Aceite suas emoções

> " Seu intelecto pode estar confuso, mas suas emoções nunca mentirão para você."
>
> Roger Ebert

Quem é responsável por como você se sente? VOCÊ! Lembra-se do que dissemos sobre responsabilidade e escolhas? E também se lembra que está no controle de seus pensamentos? Bem, suas emoções vêm de seus pensamentos. Como? Uma emoção é energia em movimento, uma reação física a um pensamento. Se você pode controlar seus pensamentos, também é capaz de controlar suas emoções. Não se assuste com elas!

Suas emoções fazem parte de você, mas não são VOCÊ. Aceite-as.

Toda emoção tem sua função. O medo lhe protege. A raiva permite que você se defenda, imponha limites e mostre aos outros o que o incomoda.

A tristeza permite que você lamente e identifique uma falta. A felicidade lhe permite sentir-se bem etc. É muito importante estar conectado às suas emoções e saber como expressá-las e não negligenciá-las.

Não se engane e diga "estou feliz" se não estiver. Em vez disso, analise de onde vem a emoção. Não se identifique com a emoção. Repito, você não é suas emoções! Torne-se um observador e perceba aonde suas emoções o levam. Observe-as e note que elas passam como as nuvens no céu azul. Aceite-as como você aceita dias chuvosos. Quando olha pela janela e está chovendo, você não pensa que vai chover para sempre, não é? Você aceita a chuva como parte do clima – isso não significa que chove o tempo todo. Você pode fazer a mesma coisa com raiva, tristeza, medo etc. Só porque eles aparecem em um momento não significa que ficarão com você para sempre. **Ajuda saber que as emoções não são ruins nem boas. Elas simplesmente são.** Se quiser escrever algo para tirá-las de sua cabeça, faça isso. Elas vão passar. Emoções são mensageiros que sentimos em nosso corpo. Escute-os! Se você estiver apegado a uma emoção, está apegado ao passado e está perdendo o momento presente. Do que você realmente precisa? Pare de procurar fora e comece a buscar dentro de você.

Gerenciamento de emoções

É a habilidade de perceber, usar, entender e gerenciar emoções. Você pode usá-la em si ou em outras pessoas:

1. Perceber e expressar as emoções (permita-se sentir).
2. Facilitar sentimentos (como posso sentir uma emoção diferente).
3. Compreender (por que essa emoção está surgindo).
4. Fazer ajuste emocional (agora eu sei por que a emoção foi sentida).

Mais uma vez, tudo é uma questão de atitude (aceitação ou recusa). **VOCÊ ESCOLHE!**

Vantagens em administrar emoções:
- Você se recupera melhor e mais rapidamente de problemas e contratempos.
- Você obtém um desempenho profissional melhor e consistente.
- Você é capaz de impedir que essas tensões aumentem e destruam seus relacionamentos.
- Você domina seus impulsos e emoções conflitantes.
- Você permanece equilibrado e sereno, mesmo nos momentos mais críticos.

O primeiro passo para chegar lá é **identificar** suas emoções e **explorá-las**, o que significa **permitir sua expressão** e **analisar** o problema que as provocou. Conecte-se e converse com a emoção: respire, relaxe e reviva a situação.

Responda às seguintes perguntas:

Você consegue identificar uma emoção "negativa"?
Que sintomas você sente e em que parte do seu corpo?
Como você sente? Seja preciso!

59. Faça agora!

> " Você não pode escapar da responsabilidade de amanhã se esquivando dela hoje."
> Abraham Lincoln

> " Adie para amanhã apenas o que você está preparado para morrer sem deixar de fazer."
> Pablo Picasso

Ouça o Dr. Wayne W. Dyer quando ele diz: "Vá em frente agora. O futuro não é garantido a ninguém". O e-mail não escrito, o velho amigo com quem você deseja se reconectar, o tempo que deseja passar com sua família: não adie mais. Faça um favor a si mesmo e pare a procrastinação. Ela só causa ansiedade! E na maioria das vezes você verá que as coisas que enrolou dias para fazer, e que causaram ansiedade e peso na consciência, podem ser feitas em uma hora, mais ou menos, e depois você se sentirá muito mais leve porque pôde tirá-las de sua mente.

Procrastinar é evitar algo que deve ser feito. É postergar coisas na esperança de que elas magicamente se resolvam sem que nada, de fato, seja feito para isso. Mas as coisas não se resolvem por conta própria. Na maioria das vezes, a causa da procrastinação é um tipo de medo. Medo da rejeição, medo do fracasso, até medo do sucesso. Outra causa é a sensação de estar sobrecarregado. Procrastinamos de três maneiras diferentes:

1. Não fazendo nada em vez de fazer o que deve ser feito.
2. Fazendo algo menos importante do que aquilo que deveríamos estar fazendo.
3. Fazendo algo mais importante do que aquilo que deveríamos estar fazendo.

Como freelancer e dono de seu tempo, meu cliente Marc lutou muito contra a procrastinação. Isso causou-lhe muita ansiedade e até lhe custou algumas noites sem dormir. Sempre foi o mesmo padrão. Ele procrastinava e sentia-se sobrecarregado e ansioso. Em nossas sessões de coaching, ele admitiu que algumas das coisas que lhe causavam ansiedade ele poderia realmente resolver em uma hora! Ele percebeu que estava pagando um preço alto por procrastinar e, mais tarde, quando tentado a isso, decidiu se perguntar: que preço vou pagar por procrastinar esta tarefa? Vale a pena estar sobrecarregado e perder o sono por uma tarefa que eu poderia ter terminado em uma ou duas horas? Então faça o que está em sua mente agora. **Não comece amanhã nem na próxima semana! Comece AGORA!**

Responda às seguintes perguntas:

O que você está procrastinando?
Você é produtivo ou está apenas ocupado?
O que é realmente importante agora?

60
Finja até conseguir

> " Se você quer uma qualidade,
> aja como se já a tivesse."
> William James

Aja como se! Aja como se você já tivesse alcançado seu objetivo. Aja como se já tivesse qualidade de vida, estilo de vida, emprego etc. Se quer ter mais autoconfiança, aja como se já a tivesse. Fale como uma pessoa autoconfiante, ande como uma pessoa autoconfiante, tenha a postura corporal de uma pessoa autoconfiante. (Veja o Capítulo 61.)

Seu subconsciente não consegue diferenciar entre realidade e imaginação. Use isso a seu favor, agindo "como se" você já tivesse uma força, um traço de caráter etc. Na Programação Neurolinguística e coaching, isso é chamado de *modelagem*. Uma boa maneira de obter sucesso é observar e copiar pessoas já bem-sucedidas. Use isso para qualquer traço de caráter que você desejar. Comece a agir "como se" e veja o que acontece.

Finja até conseguir!

Responda às seguintes perguntas:

Qual qualidade você quer?
Como você agiria se já tivesse essa qualidade?
Como você falaria, andaria, se comportaria etc.?

61
Mude sua postura

> « Aja da maneira que você gostaria de ser e em breve você será da maneira que gostaria de agir."
> Bob Dylan

Este é um exercício retirado da Programação Neurolinguística que afirma que mudar sua postura também muda sua mente. As pessoas para quem digo isso pensam que estou brincando. Mas antes de achar isso um absurdo... experimente!

Quando você se sente triste e deprimido, geralmente olha para o chão, mantém os ombros caídos e adota uma postura cabisbaixa, não é? Agora tente o seguinte, apenas por um momento: fique em pé, com os ombros retos, o peito estufado e a cabeça erguida, você pode até exagerar na postura. Como se sente? Se você sorrir, rir e andar com a cabeça erguida, perceberá que se sente muito melhor. É impossível sentir-se triste andando por aí assim, não é? E pesquisas têm sido feitas sobre isso. Um estudo de Brion, Petty e Wagner, em 2009, descobriu que as pessoas que se sentavam eretas tinham mais autoconfiança do que aquelas que se sentavam encolhidas! Há também um incrível TED Talk de Amy Cuddy chamado *Your body language shapes who you are* ("Sua linguagem corporal molda quem você é") sobre a pesquisa que ela fez com Dana Carney na Universidade de Harvard.

O estudo mostrou que manter "posturas de poder" por 2 minutos cria um aumento de 20% na testosterona (o que aumenta a confiança) e uma redução de 25% no cortisol (que reduz o estresse). Imagine isto. Se você tiver uma apresentação, reunião ou competição importante, basta assumir a postura de uma pessoa confiante por 2 minutos. Coloque as mãos nos quadris e abra os pés (pense na Mulher Maravilha) ou recoste-se em uma cadeira e abra os braços. Mantenha a postura por pelo menos 2 minutos... e veja o que acontece! **Assista ao TED Talk de Amy Cuddy!**

62
Peça o que deseja

> " Peça e receberá."
>
> Mateus 7:7

É só pedir! É muito melhor pedir e ser rejeitado do que não pedir e pensar posteriormente: "Se eu tivesse perguntado...". Peça uma mesa melhor no restaurante, peça um upgrade no aeroporto e peça o aumento de salário que você estava esperando. PEÇA! Você já tem o "Não" como resposta, mas talvez tenha algumas surpresas. Se você pedir, pelo menos terá a oportunidade de conseguir o que deseja. Peça o que você quer à pessoa amada. Peça a seu chefe, a seus amigos. **Não espere que eles leiam sua mente!** Pense nisso! Muitas coisas que nos machucaram têm como base as expectativas muito altas que tínhamos, certo? Isso aconteceu comigo principalmente nos meus relacionamentos amorosos. Fiquei decepcionado muitas vezes porque a pessoa que eu amava simplesmente não foi capaz de ler minha mente. Ou melhor, até eu dar um basta e finalmente começar a pedir o que eu queria. Outro exemplo é o nosso chefe! Estamos investindo muito trabalho e esperando que o aumento ou a promoção chegue, mas não chega! Peça! Qual é a pior coisa que poderia acontecer? Você já não tem o que quer. Você já não tem o aumento ou a promoção! Se não pedir, certamente continuará assim. Se você pedir, pelo menos terá uma resposta e saberá o que esperar. **Quando for pedir, lembre-se:**

1. Peça com a expectativa de receber.
2. Saiba que você pode receber.

3. Lembre-se de manter seus pensamentos, sentimentos e diálogo interno positivos.
4. Peça à pessoa que está no comando.
5. Seja específico.
6. Peça muitas vezes como você fazia quando era criança.

Passos para ação:

1. Faça uma lista de todas as coisas que você deseja e não pede.
2. Comece a pedir. Trabalhe nisso.

63
Ouça sua voz interior

> " A mente intuitiva é um dom sagrado e a mente racional é um servo fiel."

> " Criamos uma sociedade que honra o servo e se esqueceu do dom."
>
> Albert Einstein

Albert Einstein já sabia do grande dom que nossa intuição pode ser para nós! Escute sua voz interior, siga seus palpites. Não é fácil distinguir sua intuição da "outra" pequena voz em sua cabeça – aquela que vem da racionalidade e frequentemente diz o que você deve fazer ou não pode fazer. Você precisará praticar um pouco.

Comece com pequenas coisas. Por exemplo, qual caminho seguir para chegar ao trabalho toda manhã, ou se deve levar seus óculos de sol com você, embora o dia esteja totalmente nublado. Lembro-me de praticar minha intuição quando iniciei o ensino médio. Havia duas maneiras de chegar à escola e em ambas havia uma ferrovia com trens vindos de direções diferentes (os dois lados do cruzamento raramente se fechavam ao mesmo tempo). Eu criei um jogo no qual consultava minha voz interior para saber que caminho seguir – às vezes seguia a intuição, e às vezes ia contra – e ficava parado no lado fechado do cruzamento do trem.

Algumas semanas atrás eu estava dirigindo na Autobahn alemã e tinha duas opções para chegar ao meu destino. Eu queria seguir por uma estrada, mas tive um palpite muito forte de que deveria pegar a outra, apesar de parecer muito cheia. Trinta minutos mais tarde ouvi no rádio que havia um engarrafamento de 25 km na primeira estrada! Nós teríamos ficado presos nela! Agradeci à minha voz interior imediatamente! É provável que você já tenha entrado em contato com sua intuição. Já aconteceu de você pensar em alguém e apenas um segundo depois o telefone tocar e ser essa pessoa? Ou já aconteceu de pensar em alguém e um minuto depois deparar-se com a pessoa no mercado? Quanto mais pratica e confia nessa voz interior, mais forte ela fica, mais resultados você verá e mais fácil será distinguir esta da outra voz racional em sua mente. É incrível!

A meditação provou ser uma ótima ferramenta para se aproximar da intuição. Apenas fique quieto por 5 ou 10 minutos e ouça o que está por vir. **Depois de aprender a ouvir sua intuição, aja imediatamente! Pode ser um palpite, escrever um e-mail ou conversar com alguém. Se vier na forma de uma ideia, coloque-a em ação.**

64 Escreva em seu diário

> " Todo mundo pensa em mudar o mundo, mas ninguém pensa em mudar a si mesmo."
> Leon Tolstói

Eu não perderia esse exercício por nada no mundo! Um exercício importante que recomendo a todos os meus clientes: ter um diário e refletir sobre seus dias. Trata-se de reservar alguns minutos no final do seu dia e dar uma olhada no que você fez bem, ter uma perspectiva, reviver os momentos felizes e anotar tudo. Ao fazer isso, você receberá uma injeção de felicidade, motivação e autoestima todas as manhãs e noites! Possui o efeito colateral positivo de, pouco antes de dormir, você estar se concentrando em coisas positivas, o que tem um resultado benéfico para o seu sono e a sua mente subconsciente. Seu foco está nas coisas positivas do dia e na gratidão e não nas coisas que não funcionaram bem, o que provavelmente o manteria acordado, e agora você já sabe como isso é crucial! Para meus clientes e também para mim este pequeno exercício trouxe enormes mudanças no nosso bem-estar.

Faça um esforço para responder às seguintes perguntas todas as noites antes de dormir e escreva-as em seu diário:

Pelo que sou grato? (Escreva 3-5 pontos)
Quais são as três coisas que me deixaram feliz hoje?

Quais são as três coisas que fiz particularmente bem hoje?
Como eu poderia ter tornado o dia de hoje ainda melhor?
Qual é o meu objetivo mais importante para amanhã?

Não se preocupe se as palavras não fluírem imediatamente quando você iniciar o exercício. Como todas as outras coisas, seu diário melhorará com a prática. Se você está sentindo um bloqueio e não consegue pensar em nada, aguarde mais 5 minutos. Escreva o que lhe vem à mente sem pensar e não julgue. Não se preocupe com seu estilo ou erros. Apenas escreva! Faça isso todos os dias durante um mês e observe as mudanças que ocorrerão! Um caderno ou agenda devem bastar. Estou usando um livrinho adorável chamado *The Five Minute Journal*. Procure na internet e dê uma olhada.

65
Pare de choramingar!

❝ Nunca conte seus problemas a ninguém...
20% não se importam e os outros 80% estão
felizes por você tê-los."

Lou Holtz

❝ É melhor acender uma pequena vela do que
amaldiçoar a escuridão."

Confúcio

Reclamar é veneno no seu desejo de se tornar mais feliz. É um comportamento absolutamente inútil que incentiva a autopiedade e não constrói nada. Os queixosos não são atraentes. É a mentalidade de vítima; e você não é mais assim, certo? **Pare de amaldiçoar a escuridão e acenda uma vela.** Pare de reclamar por não ter tempo e levante uma hora antes (Capítulo 25). Pare de reclamar de seu peso e comece a se exercitar (Capítulo 75). Pare de culpar seus pais, professores, chefe, governo ou economia e assuma a responsabilidade por sua vida (Capítulo 3).

Não é culpa de ninguém que você continue fumando, que não se alimente de forma saudável, ou que tenha desistido de seu sonho, só sua. É você quem aperta o botão do despertador para ter mais 5 minutos em vez de acordar meia hora antes e quem escolhe o medo e não o risco. Não culpe os outros por não viver uma vida satisfatória. Você é o dono da sua vida! Você pode fazer o que quiser com ela. Quanto mais cedo você conseguir entender isso, mais cedo poderá seguir em frente, na direção dos seus sonhos. Lembre-se de onde manter o foco! Reclamar de suas circunstâncias atuais colocará seu foco nelas e atrairá mais do que você não gosta. Você tem que sair desse círculo vicioso e concentrar-se no que deseja (Capítulo 12).

Olhe dentro de si mesmo, incentive suas ambições positivas e sua vontade de ter sucesso. Agora vá e crie as circunstâncias que deseja. Comece a tomar decisões e comece a viver.

Passos para ação:

1. Faça uma lista de todas as suas reclamações.
2. O que suas reclamações conseguiram realizar?
3. Transforme suas reclamações em solicitações.

66

Torne-se um receptor!

> " Eu posso viver por dois
> meses com um bom elogio."
>
> Mark Twain

Você acha difícil aceitar um presente ou elogio? Bem, isso acaba AGORA! Você tem que se tornar um receptor! É muito importante aceitar presentes e coisas com alegria e também é o segredo para conseguir mais do que você quer. Se você receber um presente e disser "Ah, não precisava!", estará tirando a alegria da outra pessoa de dar o presente, e o mesmo vale para elogios.

Dê uma olhada nesse comportamento! Existe um sentimento oculto de "eu não mereço isso" ou "eu não valho a pena" por trás desse "Não precisava!".

Não há necessidade de justificativa. Não diminua o prazer de dar que a outra pessoa está sentindo. Apenas diga "obrigado!". A partir de hoje eu desafio você a praticar suas "habilidades de recebimento". Se alguém lhe fizer um elogio, aceite-o graciosamente com um "obrigado". Receba-o. Não o devolva. Você pode dizer: "Obrigado! Fico feliz por você se sentir dessa maneira!" e deixe a outra pessoa aproveitar a experiência. Isso ajudará você a elevar sua autoestima a um nível totalmente novo, se conseguir erradicar os seguintes comportamentos:

- ▶ Rejeitar elogios.
- ▶ Fazer-se pequeno.

- Dar crédito a outras pessoas, embora você o mereça.
- Não comprar algo legal porque você acha que não merece.
- Procurar pelo lado negativo se alguém fizer algo bom para você.

Passos para ação:

1. A partir de agora, basta dizer "Obrigado!" por cada presente e elogio que você receber! (Não explique ou justifique.)
2. Analise se você tem algum dos cinco comportamentos mencionados acima. Se sim, trabalhe para melhorá-los.

67
Pare de gastar tempo com as pessoas erradas!

> " Para tudo o que você faz, precisa de coragem. Qualquer que seja o curso que você decidir tomar, sempre haverá alguém para lhe dizer que está errado."
>
> Ralph Waldo Emerson

> " A pessoa que diz que não pode ser feito não deveria interromper quem está fazendo!"
>
> Provérbio chinês

OBSERVE QUEM ESTÁ GASTANDO O SEU TEMPO!

Jim Rohn disse que "você é a média das cinco pessoas com quem gasta mais tempo", então é melhor levar isso a sério! Escolha passar mais tempo com pessoas que trazem à tona o melhor de você, que o motivam, que acreditam em você. Esteja perto de pessoas que empoderam você. **Lembre-se de que emoções e atitudes são contagiantes.** As pessoas ao seu redor podem ser o trampolim para lhe dar motivação, coragem e ajudá-lo a realizar as ações certas, mas, por outro lado, também podem puxá-lo para baixo, drenar sua energia e impedir que você alcance seus objetivos de vida. Se você fica o tempo todo perto de pessoas negativas, elas podem transformar você em uma pessoa negativa e cínica com o passar do tempo. Podem querer convencê-lo a ficar onde está e mantê-lo preso, porque valorizam a segurança e não gostam de riscos e incertezas. Portanto, **fique longe dos pessimistas, dos que gostam de culpar os outros, dos reclamões;** das pessoas que estão sempre julgando ou fofocando e falando mal de tudo. E como Steve Jobs disse em seu famoso discurso em Stanford: "**Não deixe o barulho das opiniões dos outros abafar sua própria voz interior.**" Será difícil para você crescer e prosperar, se as pessoas ao seu redor quiserem convencê-lo do contrário.

E o que fazer se forem pessoas próximas a você? A única coisa que você pode fazer é se esforçar para se tornar uma pessoa melhor. Se você crescer e se desenvolver, logo as pessoas negativas se afastarão porque você não serve mais aos propósitos delas. Elas precisam de alguém com quem compartilhar sua negatividade e, se você não fizer isso, procurarão outra pessoa. Se isso não funcionar, você deve perguntar seriamente a si mesmo se deve começar a gastar menos tempo com elas ou parar de vê-las. **Mas essa é uma decisão que você deve tomar.** Ao longo da minha vida, eu automaticamente separei as pessoas que não me apoiavam e nunca me arrependi, embora não tenha sido fácil! Após meu treinamento de coach, quando reforcei todos os princípios que você está aprendendo neste livro e mudei – alguns dos meus colegas não conseguiram entender a mudança e concluíram que eu tinha entrado para uma seita!

Passos para ação:

1. Faça uma lista de todas as pessoas que você tem em sua vida e com quem sempre se encontra. (Familiares, amigos, colegas).
2. Analise quem é positivo para você e quem não é.
3. Passe mais tempo com as pessoas positivas e pare de ver as pessoas tóxicas (as que culpam e reclamam) em sua vida, ou pelo menos passe menos tempo com elas.
4. Escolha estar perto de pessoas positivas que o apoiam.
5. Assista ao discurso de Steve Jobs em Stanford no YouTube.

68
Viva sua própria vida

> Seu tempo é limitado, então não o gaste vivendo a vida de outra pessoa. Não fique preso ao dogma – que é viver com os resultados do que as outras pessoas pensam. Não deixe que o barulho das opiniões dos outros abafe sua própria voz interior. E o mais importante, tenha a coragem de seguir seu coração e intuição. De alguma forma, eles já sabem o que você realmente quer se tornar. Todo o resto é secundário."
>
> Steve Jobs

Na verdade, a citação de Steve Jobs já diz tudo! É difícil adicionar algo às suas sábias palavras. **Viva a vida que você quer e não a vida que outras pessoas esperam de você.** Não se preocupe com o que vizinhos ou outras pessoas pensam a seu respeito, porque se você se importar muito com o que eles dizem, haverá um momento em que você não viverá mais sua própria vida, mas a vida de outras pessoas. Ouça o seu coração. Faça as coisas que você quer fazer, e não necessariamente as coisas que todo mundo faz. Tenha a coragem de ser diferente! Paulo Coelho nos lembra: "Se alguém não é o que os outros querem, os outros ficam com raiva. Todo mundo parece ter uma ideia clara de como outras pessoas devem levar a vida, mas nenhuma sobre a sua própria".

Passo para ação:

Em quais aspectos você não está vivendo sua vida agora? Escreva-os em uma lista!

69 Quem é o número um?

> " Ninguém pode fazer você se sentir inferior sem o seu consentimento."
>
> Eleanor Roosevelt

Ame-se como ao seu próximo! Muitas vezes você vê o lado bom nos outros e não consegue vê-lo em si mesmo! O relacionamento mais importante que você tem nesta vida é consigo mesmo! Se você não gosta de si mesmo, como pode esperar que os outros gostem? Como espera amar os outros, se não se amar primeiro? Nós vamos trabalhar em seu relacionamento mais importante. A maioria dos problemas com os quais meus clientes me procuram depende direta ou indiretamente da autoconfiança. O aumento salarial que eles não recebem, a apreciação que não têm, o relacionamento que não encontram. Então eu costumo trabalhar para desenvolver a autoconfiança deles enquanto eles trabalham para atingir seu objetivo. Como você consegue mais autoconfiança? Antes de tudo, **aceite-se como você é**. Você não precisa ser perfeito para ser ótimo! **Aprenda a passar o tempo com a pessoa mais importante da sua vida – VOCÊ. Aprenda a gostar de ir ao cinema com a melhor companhia que você pode imaginar: VOCÊ!** O escritor e filósofo francês Blaise Pascal diz que "todos os problemas da humanidade decorrem da incapacidade do *homem* de *sentar-se* em silêncio em um quarto *sozinho*." Dr. Wayne Dyer acrescenta: "Você não se sente solitário se gosta da pessoa com quem está a sós." Sinta-se à vontade passando um tempo sozinho. Encontre um lugar onde você possa se desconectar da vida cotidiana intensa. Nunca é demais dizer: **aceitar-se é um elemento-chave do seu bem-estar**. Reconheça seu valor como pessoa. Reconheça que merece respeito. Se cometer um erro, não se martirize por isso, aceite e prometa a si mesmo fazer o possível para não repeti-lo. É isso aí. Não há absolutamente nenhuma necessidade de se ferir por algo que você não pode mudar. **Seja egoísta!** O quê? O que estou dizendo? Sim, você leu certo: seja egoísta! Eu não quero dizer de uma maneira egocêntrica, mas estando bem dentro de si mesmo para poder transmitir esse bem-estar para todo o seu ambiente. Se você não está bem dentro de si mesmo, não pode ser um bom marido, esposa, filho, filha ou amigo. Mas se você se sentir bem, poderá emitir esse sentimento para todo o ambiente e todos se beneficiam.

Exercícios para aumentar sua autoconfiança:

- O exercício de registro em diário do Capítulo 64.
- Faça uma lista de seus sucessos e realizações.
- Faça uma lista de todas as coisas que você está fazendo muito bem.
- Exercício de espelhamento (diga a si mesmo como você é bom na frente de um espelho! Pode parecer estranho no começo, mas você vai se acostumar com isso).
- Eleve a autoestima de outra pessoa.

Seu melhor investimento

> Um investimento em conhecimento rende mais."
>
> Benjamin Franklin

> Se você acha que a educação é cara, experimente a ignorância."
>
> Derek Bok

A melhor coisa que você pode fazer por sua experiência pessoal e crescimento profissional é investir em si mesmo. Comprometa-se a se tornar a melhor pessoa que você pode ser. Invista entre 5% e 10% de sua renda em treinamento, livros, CDs e outras formas de desenvolvimento pessoal. Seja curioso e ansioso para aprender coisas novas e melhorar a si mesmo. Um bom efeito colateral de investir em seu crescimento pessoal é que, ao mesmo tempo em que se torna uma pessoa mais sábia, você também pode se tornar mais valioso para sua empresa.

Existem muitas possibilidades: você pode aprender um treinamento que melhore suas habilidades de negociação, gerenciamento de tempo, planejamento financeiro, e muito mais. Em um workshop de 2 a 4 horas, você pode aprender estratégias ou ferramentas poderosas que transformem sua vida. Ou você pode decidir mergulhar fundo e encontrar um life coach e realmente começar a trabalhar em si mesmo.

Um dos melhores investimentos que fiz em mim mesmo foi contratar um coach. Ele me ajudou a me soltar, esclarecer o que realmente quero da minha vida e mudar por completo meu relacionamento com o medo.

Você também pode começar de maneira menos dispendiosa, lendo mais ou ouvindo um CD de aprendizado ou um curso. Criei o hábito de ler pelo menos um livro por semana, comprar um novo curso a cada dois meses e inscrever-me em pelo menos dois seminários ou treinamentos por ano.

O que você vai fazer? Lembre-se de que pequenos passos também contam!

Passo para ação:

Escreva o que você se comprometerá a fazer nos próximos 12 meses:
Eu, _____ vou ler ___ livro (s) por mês, ouvir ___ CDs de aulas ou audiolivros por mês, inscrever-me em _____ treinamento(s) nos próximos seis meses.

Data: _____ Assinatura: _____

71
Pare de ser tão duro consigo mesmo

" Porque alguém acredita em si mesmo, não tenta convencer os outros.
Porque alguém está contente consigo mesmo, não precisa da aprovação dos outros.
Porque a pessoa se aceita, o mundo inteiro a aceita."

Lao Tse

É fácil cair no hábito da autocrítica por causa de erros do passado ou porque as coisas não saíram como queríamos. Mas isso lhe ajuda? Não, em NADA!

Chegou a hora de aceitar algo: você não é perfeito! Você nunca será perfeito, e a melhor coisa é que VOCÊ NÃO TEM QUE SER PERFEITO! Então, de uma vez por todas, pare de ser tão duro consigo mesmo! Esse é um dos principais motivos que impedem as pessoas de viverem uma vida feliz e realizada. Você sabia que muitas das tristezas que temos em nossa vida são porque inconscientemente pensamos que devemos nos punir por alguma coisa? Fico feliz por ter deixado o hábito de autocrítica exagerada e autopunição há muito tempo. Tenho consciência de que estou fazendo o melhor que posso a todo momento. Isso não significa que eu não analise os muitos erros que cometo. Se posso corrigi-los, corrijo; se não posso corrigi-los, eu os aceito, deixo para lá e prometo a mim mesmo que não vou repeti-los, porque sei que será um problema se eu continuar repetindo os mesmos erros sem parar. Isso é muito difícil? Faz você querer saber a receita mágica? Não está à venda em nenhuma farmácia e é grátis! Pronto?

1. **Aceite-se como você é!**
2. **Perdoe-se! Ame a si mesmo!**
3. **Cuide-se extremamente bem!** (Capítulo 73)

É isso aí! Fácil, não é? **Comece AGORA!**

Responda às seguintes perguntas:

Em que áreas da sua vida você está sendo muito duro consigo mesmo?
Que benefícios você obtém por ser muito duro consigo mesmo?

72
Seja autêntico

> " Temos que ousar ser nós mesmos, por mais assustadores ou estranhos que sejamos."
>
> May Sarton

> " Ser você mesmo em um mundo que está constantemente tentando fazer você ser outra coisa é a maior conquista."
>
> Ralph Waldo Emerson

As pessoas mais bem-sucedidas são as autênticas. Elas não estão desempenhando nenhum papel. Elas são quem são. O que você vê é a realidade! Elas conhecem seus pontos fortes e fracos. Elas não têm nenhum problema em ser vulneráveis e assumir a responsabilidade por seus erros. Nem temem o julgamento dos outros. **Não deixe o mundo lhe dizer quem você deve ser.** Seu falso eu é quem você é quando quer agradar a todo mundo. É quando você usa uma máscara e deseja obter feedback das pessoas que o cercam, como colegas, amigos, vizinhos etc. **Não desempenhe papéis!** Pare de pensar no que os outros querem de você, ou podem querer de você, e **dê a si mesmo permissão para ser seu eu autêntico.** As recompensas são incríveis! Curiosamente, você notará que quanto mais for você mesmo, mais pessoas se sentirão atraídas por você!

Experimente!

Responda às seguintes perguntas:

Em uma escala de 0 a 10, como você quantificaria seu nível de autenticidade?

Um 8? Parabéns! Você está bem perto. Continue melhorando! 4? Bem, há algum trabalho a fazer, mas realizar os exercícios deste livro ajudará você a se aproximar!

Quantos papéis você desempenha?
Quem é você quando está sozinho?
Quando foi a última vez que você se sentiu autêntico?

73 Mime-se

> " Você pode mudar a maneira como as pessoas lhe tratam ao mudar a maneira como você se trata."
>
> Anônimo

Este é um dos meus exercícios favoritos para meus clientes! Escreva uma lista de 15 coisas que você pode fazer para cuidar de si e depois realize uma delas todos os dias pelas próximas duas semanas. Esse exercício é verdadeiramente milagroso! (Exemplos: leia um bom livro, vá ao cinema, receba uma massagem, assista ao nascer do sol, sente-se à beira da água etc.) Quando começar a se tratar bem, isso **fará milagres por sua autoconfiança e autoestima!** Comece a fazê-lo AGORA!

1_____
2_____
3_____
4_____
5_____
6_____
7_____
8_____
9_____
10_____
11_____
12_____
13_____
14_____
15_____

74 Trate seu corpo como o templo que ele é!

> " Manter o corpo em boa saúde é um dever, caso contrário não seremos capazes de manter nossa mente forte e clara."
>
> Buda

Não é irônico? Se você ouvir as pessoas, a maioria de nós diz que a saúde é a coisa mais importante em nossas vidas; no entanto, muitas pessoas bebem, fumam, se alimentam mal, ou até usam drogas, além de gastar a maior parte do seu tempo livre no sofá sem nenhuma atividade física. Lembre-se – é fácil! **Uma vida saudável é só uma questão de decisão.** Decida AGORA viver de modo mais saudável. Siga uma **dieta equilibrada, faça exercícios regularmente e fique ou entre em forma física** para que seu cérebro tenha toda a nutrição necessária para produzir um estilo de vida positivo. Cuide do seu corpo, porque se o corpo não está bem, a mente também não funciona bem. Aqui estão alguns exemplos:

- Coma mais frutas e vegetais.
- Reduza a ingestão de carne vermelha.
- Beba pelo menos 2 litros de água por dia.
- Coma menos!
- Prefira comidas saudáveis.
- Levante cedo.

Passos para ação:

O que você fará agora para ter um estilo de vida mais saudável? Escreva pelo menos três coisas:

_____

_____

_____

75
Exercite-se pelo menos três vezes por semana

> " Quem não encontrar tempo para o exercício físico terá que encontrar tempo para a doença."
>
> Edward Smith Stanley

Eu acho que não estarei contando grandes novidades se falar sobre a importância dos exercícios físicos. E, apesar de todos sabermos a importância dos exercícios, há muitos de nós que simplesmente não os praticam. A melhor desculpa é sempre: "Não tenho tempo". Mas, e se alguém dissesse que sua vida depende disso? E que se você não começar a se exercitar estará morto em um mês? Você certamente encontraria tempo, não é? Então, o tempo não é o problema. Eu também não vou me esforçar muito para convencê-lo de que o exercício é importante e que é possível encontrar tempo para ele, porque você já sabe disso. Vou apenas listar os benefícios que o exercício de 3 a 5 vezes por semana trará a você. E então – se quiser – você encontrará o tempo.

- O exercício vai mantê-lo saudável.
- O exercício ajudará você a perder peso, o que melhorará sua saúde e também fará você parecer melhor.
- O exercício fará você se sentir melhor e com mais energia.
- Quando os quilos começarem a diminuir, há uma grande chance de que sua autoestima se eleve. Eu posso confirmar isso.

- Problemas para dormir? Exercite-se por 30 minutos algumas horas antes de dormir e veja o que isso faz para você.
- Você já reparou que o exercício reduz significativamente o estresse? Primeiro de tudo, por causa das endorfinas, mas também porque os exercícios tirarão seu pensamento das coisas que estão causando o estresse.

Além disso, estudos mostram que o exercício feito regularmente deixa você mais feliz, pode reduzir os sintomas de depressão, diminuir o risco de doenças (coração, diabetes, osteoporose, colesterol alto etc.), baixar o risco de uma morte prematura, melhorar sua memória e muito mais. Está interessado? Uma última coisa: não se force a exercitar-se. Faça com que seja prazeroso. Procure uma atividade recreativa que combine com você e de que goste, como nadar, por exemplo. Até mesmo andar uma hora por dia pode fazer a diferença. (Veja o Capítulo 34.)

Passos para ação:

1. Encontre alguns estudos sobre os incríveis benefícios do exercício na internet.
2. Quando VOCÊ começará a se exercitar?
3. Se você acha que não tem tempo, volte aos capítulos sobre encontrar tempo.

76
Tome uma atitude. Faça as coisas acontecerem

> Tudo que você pode fazer, ou sonha que pode, comece.
> A ousadia tem genialidade, poder e magia."
>
> Johann Wolfgang von Goethe

> Sou apenas um, mas sou um. Não posso fazer tudo, mas posso fazer algo.
> E não deixarei que o que não posso fazer interfira no que posso fazer."
>
> Edward Everett Hale

Um dos segredos do sucesso e da felicidade na vida é fazer as coisas acontecerem. Apenas falar sobre isso não é suficiente. São os resultados que contam ou, como Henry Ford disse: "Você não pode construir uma reputação com aquilo que ainda vai fazer."

Sem ação, não há resultados. Sem resultados, não há feedback. Sem feedback, não há aprendizado. Sem aprendizado, não podemos melhorar. Sem melhorar, não podemos desenvolver todo o nosso potencial.

Jung disse corretamente: "Você é o que faz, não o que diz que vai fazer." Há muitas pessoas que querem mudar o mundo, mas nunca pegaram numa caneta para começar a escrever um livro, um artigo ou qualquer coisa assim. É muito mais fácil reclamar dos nossos políticos do que começar uma carreira política ou se tornar mais ativo na política. Sua vida está em suas mãos, então comece a agir de acordo com suas ideias.

Você não precisa enfrentar os grandes desafios de uma só vez. Agora você aprendeu que fazer pequenas coisas de forma consistente diariamente pode trazer ótimos resultados. Atreva-se a fazer as coisas que quer e você encontrará o poder de fazê-las. **Mas, de qualquer modo, COMECE AGORA! A maior diferença entre pessoas que atingem seus objetivos e pessoas que ficam estagnadas é a AÇÃO.** As pessoas que atingem seus objetivos são praticantes que estão agindo de forma consistente. Se cometem um erro, aprendem com isso e seguem em frente; se são rejeitadas, elas tentam novamente. **As pessoas que ficam estagnadas apenas falam sobre o que vão fazer e não agem.** Não espere mais! O momento certo nunca vem! Basta começar com o que você tem e dar um passo de cada vez. Aja como Martin Luther King Jr. disse: **"Dê o primeiro passo com fé. Você não precisa ver a escada inteira, basta dar o primeiro passo."**

Passo para ação:

O que você vai começar HOJE?

Desfrute mais

❝ O momento presente é cheio de alegria e felicidade. Se você estiver atento, vai perceber."

Thích Nhât Hanh

❝ A verdadeira generosidade em relação ao futuro está em dar tudo ao presente."

Albert Camus

É muito importante aproveitar o momento presente! Se não aproveita, então a vida passa e você nem percebe, porque você nunca vive o momento! Quando você está trabalhando pensa no fim de semana, no fim de semana pensa em todas as coisas que precisa fazer na segunda-feira; quando está comendo o aperitivo pensa na sobremesa, e quando come a sobremesa pensa no aperitivo – resulta, assim, que você não desfruta completamente nem de uma coisa nem de outra.

Ao viver desse modo, você nunca aproveita o seu ponto de poder, o único momento que conta – o momento presente. Eckart Tolle escreveu um livro inteiro sobre isso, *O poder do agora,* que eu recomendo a você. Pense bem: você tem algum problema AGORA, apenas por estar no momento? Você vive constantemente com culpa pelas ações passadas e com medo de um futuro desconhecido? Muitas pessoas sempre se preocupam com coisas do passado que elas não podem mudar, ou com coisas no futuro que – ainda mais engraçado – quase nunca acontecem, e, enquanto isso, elas perdem o AGORA, ou, como Bill Cosby diz, "O passado é um fantasma, o futuro é um sonho. Tudo o que temos é o agora". Apenas esteja presente e aproveite a viagem.

Passos para ação:

Lembre-se de estar mais no momento presente!

(Meu amigo David usa o relógio de pulso no braço contrário ao de costume. Isso faz com que ele se lembre de estar no momento presente sempre que olha para o braço a que está acostumado para ver a hora e percebe que o relógio não está lá.)

78. Pare de julgar!

> " Antes de me acusar, dê uma olhada em si mesmo."
>
> Eric Clapton

> " Antes de começar a apontar o dedo, verifique se suas mãos estão limpas."
>
> Bob Marley

O ato de julgar anda de mãos dadas com os vícios de culpar e reclamar!

No caminho para uma vida mais feliz e gratificante, esse é outro mau hábito que você deve deixar para trás!

Aceite os outros sem julgá-los e sem expectativas. Eu sei que é mais fácil falar do que fazer, mas não há como evitar!

Pense desta maneira: cada vez que você julga alguém, você, na verdade, está se julgando. Não é verdade que as coisas que nos incomodam mais nos outros são realmente as coisas que mais nos incomodam em nós mesmos?

Passo para ação:

Faça uma lista do que mais lhe incomoda nos outros.

79
Um ato de bondade aleatório todos os dias

> " Uma das coisas mais difíceis de se dar é a bondade; geralmente ela volta para você."
>
> Anônimo

> " A menor boa ação é melhor que a maior das intenções."
>
> Anônimo

Como você pode tornar o mundo um pouco melhor hoje e todos os dias? Por que não ser legal com um estranho todos os dias? Seja criativo! De vez em quando eu pago por dois cafés em vez de um só e peço para o atendente guardá-lo para o caso de aparecer alguém que precise e que não possa pagar. No supermercado, se eu receber um cupom de 10% de desconto para minha próxima compra, geralmente o dou para a pessoa atrás de mim na fila. Você pode oferecer seu assento no trem ou metrô para alguém ou até mesmo presentear uma pessoa com um sorriso. Reconheça as pessoas sinceramente, trate-as bem, diga obrigado com sinceridade, mantenha a porta aberta para alguém, ajude a pessoa cujas mãos estejam cheias a carregar algo ou guarde a bagagem de mão pesada de outra pessoa em seu próximo voo. Seja criativo! Comece hoje!

O importante é que: "O que vai, volta." Então, quando você começa a oferecer atos aleatórios de bondade, mais bondade volta para você! Fazer o bem começa a se tornar a mesma coisa que se sentir bem. O bem que fazemos pelos outros realmente tem o poder de nos mudar. **Se você quer melhorar o mundo, comece consigo mesmo! Seja a mudança que você quer ver no mundo! Pratique pelo menos UM ato de bondade aleatório todos os dias.** Cause impacto positivo e significativo na vida de outras pessoas. **PAGUE ADIANTADO!**

Passo para ação:

Comprometa-se a praticar um ato aleatório de bondade por dia durante as próximas 2 semanas.

Observe o que acontece, mas não espere nada em troca!

80
Resolva seus problemas, todos eles

> " A maioria das pessoas gasta mais tempo e energia contornando problemas do que tentando resolvê-los."
>
> Henry Ford

Resolva seus problemas. Enfrente-os. Porque, se estiver correndo deles, eles irão atrás de você. Se não resolvê-los, eles se repetirão até você aprender algo e estar pronto para seguir em frente. Por exemplo, se mudar de emprego porque tem problemas com um colega, problemas que você não enfrentou, em outro trabalho pode enfrentar o mesmo desafio com outra pessoa. Isso vai continuar até você aprender algo fora da situação e resolver o problema de uma vez por todas. Você notou que pode continuar a encontrar o mesmo conjunto de problemas em vários relacionamentos românticos até parar e resolver os problemas recorrentes? Outro desperdício gigante de energia é se esquivar de abordar problemas e responsabilidades, em vez de tomar as rédeas e começar a resolvê-los. Eu ouço isso várias vezes de meus clientes: eles procrastinam, recusam-se a enfrentar o problema e acabam com um alto nível de ansiedade e se sentindo muito mal. Quando eles decidem ir contra todos os seus medos, confrontar e resolver o problema, sentem-se muito melhor e descobrem que era muito menos doloroso enfrentar o problema e resolvê-lo do que o processo todo de evitá-lo. Pare de procurar a solução para os seus problemas "lá fora" e comece a procurá-la dentro de você.

Responda às seguintes perguntas:

Como você pode ser diferente? O que você pode fazer de diferente? O que VOCÊ pode fazer para resolver o problema?

Passos para ação:

1. Faça uma lista de todos os seus problemas e comece a trabalhar para buscar soluções.
2. Examine seus problemas e procure padrões (as mesmas coisas acontecem com você continuamente?)

81
O poder da meditação

❝ Todos os problemas da humanidade decorrem da incapacidade do homem de sentar-se em silêncio em um quarto sozinho."

Blaise Pascal

Os benefícios da meditação são amplamente conhecidos agora. Cada vez mais pessoas a praticam. Os praticantes destacam sua utilidade para acalmar a mente após um dia estressante e afastar a ansiedade, raiva, insegurança e até depressão. Outros estudos apontam que a meditação pode reduzir a pressão arterial e a resposta à dor. É uma maneira fácil de combater o estresse e acalmar a mente sobrecarregada de informações. Ficar parado por 15 a 20 minutos uma vez por dia pode já fazer a diferença e ajudá-lo a recarregar. Se você meditar duas vezes por dia... ainda melhor! Aprenda a começar seu hábito de meditação diária:

1. Procure um espaço onde você não será perturbado e apenas fique em silêncio por 15 a 20 minutos. Faça disso um ritual. É benéfico praticar no mesmo local e no mesmo horário todo dia. Você se lembra da magia das primeiras horas da manhã? Talvez seja também um bom momento para sua meditação.
2. Antes de começar, use o poder das afirmações para entrar em um estado relaxado, dizendo, por exemplo, "agora estou focado e calmo".

3. Acione seu despertador para tocar 20 minutos depois, de modo que você não fique preocupado com o momento de parar sua meditação e consiga se concentrar totalmente.
4. Sente-se ou deite-se e feche os olhos. Você também pode deixar seus olhos abertos e se concentrar em um ponto na sala ou na natureza, se estiver sentado de frente para uma janela.
5. Enquanto estiver focando, concentre-se na respiração e comece a relaxar.
6. Quando sua mente vagar, deixe-a vagar. Não resista. Veja seus pensamentos passando como nuvens no céu azul e apenas esvazie a mente. Veja sua mente como um lago sem a menor perturbação.

Meditar durante 2 minutos por dia certamente trará a você ótimos resultados quando isso se tornar um hábito. Os seis passos mencionados são apenas uma sugestão. **Não tem como errar com a meditação e só você sabe o que funciona para si.** Há muita informação na internet, além de aulas e seminários que podem estar disponíveis perto de onde você mora. **O mais importante é – como tudo neste livro – TOMAR UMA ATITUDE! Experimente!**

82
Ouça boa música – diariamente!

❝ A vida é uma grande e doce canção, então comece a música."

Ronald Reagan

Uma maneira fácil de se sentir feliz instantaneamente é ouvir sua música favorita! Faça uma trilha sonora com todas as suas músicas preferidas de todos os tempos e ouça, dance, cante! Pode parecer bobo no começo, mas fazer isso todos os dias será muito benéfico!

Quais são as suas 5 músicas favoritas de todos os tempos?

1. _____
2. _____
3. _____
4. _____
5. _____

Por que não criar uma playlist no seu iPod, telefone ou PC e ouvir agora? **Faça isso AGORA! Vamos!**

Como você se sentiu depois de ouvir sua música favorita? **Sentiu alguma alteração de humor?**

O que aconteceria se você fizesse disso um hábito diário?

83 Não se preocupe

> " Se um problema é corrigível, se uma situação é tal que você pode fazer algo sobre ela, então não há necessidade de se preocupar. Se não for corrigível, não ajuda nada se preocupar. Não há nenhum benefício em se preocupar."
>
> Dalai Lama XIV

Muitas pessoas estão sempre se preocupando. Elas se preocupam com coisas que aconteceram no passado e que não podem mudar, coisas no futuro sobre as quais elas não têm influência, ou sobre economia, guerras e política, assuntos sobre os quais elas não têm controle. O mais engraçado é que, em sua maioria, as catástrofes com as quais você está preocupado se tornam muito menos horríveis na realidade ou simplesmente nunca acontecem. Mark Twain estava certo quando disse: "Eu tive muitas preocupações na minha vida, a maioria das quais nunca se tornou realidade." Lembre-se: não importa o quanto você se preocupe, não vai mudar o passado nem o futuro! Além disso, preocupar-se normalmente não melhora nada, não é? Na verdade, você vai sofrer e perder o momento presente. Você consegue entender o desperdício de tempo e energia que a preocupação causa ou devo lhe dar outro exemplo? Este exemplo é do livro de Robin Sharma, *Quem vai chorar quando você morrer?*. Um gerente que fez um dos exercícios que Robin sugere em seus seminários identificou o seguinte: 54% de suas preocupações eram sobre coisas que provavelmente nunca aconteceriam, 26% estavam relacionadas a ações passadas que não podiam ser alteradas, 8% se referiam às opiniões de outras pessoas com as quais ele nem se importava, 4% eram questões pessoais de saúde que ele já havia resolvido. **Somente 6% se referiam a perguntas que precisavam da atenção dele.** Identificando seus problemas e deixando de lado aquelas questões sobre as quais ele não podia fazer nada ou que apenas drenavam sua energia, o homem eliminou 94% das preocupações que o torturavam.

Passos para ação:

Faça uma lista de suas preocupações:
Quais estão relacionadas ao passado?
Quais estão relacionadas ao futuro?
Quais estão fora do seu controle?
Em relação a quais delas você pode realmente fazer alguma coisa?

84
Use seu tempo de locomoção com sabedoria

> " O tempo é o que mais queremos, mas o que usamos do jeito pior."
>
> William Penn

Quanto tempo você gasta todos os dias no carro ou no transporte público a caminho do trabalho? As estatísticas dizem que gastamos entre 60 e 90 minutos por dia útil! Isso significa que em um mês estamos falando de 20 a 30 horas. Quem disse: "Não tenho tempo suficiente."? Nós acabamos de encontrar outras 20 a 30 horas para você ler (no ônibus ou trem) ou ouvir audiolivros no carro. E se você passasse esse tempo ouvindo CDs, mp3s ou fazendo leituras inspiradoras em vez de ouvir as notícias negativas do rádio ou ler sobre isso no jornal?

Responda às seguintes perguntas:

Você está pronto para experimentar?
Quando você vai começar?
Faça isso por duas semanas e me conte como sua vida mudou.

Passe mais tempo com sua família

❝ Família não é uma coisa importante, é tudo."
Michael J. Fox

Walt Disney disse uma vez: "Um homem nunca deve negligenciar sua família por causa dos negócios". No entanto, tenho que dedicar um capítulo exclusivamente para isso. **Só para ter certeza de que você vai ler o que tenho a dizer aqui!** É meio triste que eu tenha que comentar, mas quando entrevisto líderes e executivos, na maior parte do tempo, o que parece é que eles simplesmente não podem (?) gastar muito tempo com suas famílias!

No livro de Bronnie Ware (veja também o Capítulo 94), um dos principais arrependimentos dos moribundos é não terem passado mais tempo com suas famílias por acabarem passado muito tempo no escritório. Não se torne um deles e **comece a passar mais tempo com sua família AGORA!** E se você estiver com a família... faça um favor a todos e esteja por inteiro com a família.

Durante nossas férias em Florida Keys, no ano passado, vi uma situação absurda. Uma família estava em um passeio turístico com o pai correndo na frente, fazendo uma ligação de trabalho, enquanto a esposa e a filha seguiam atrás meio tristes, o que é compreensível. Era domingo! Parecia algo retirado de uma história em quadrinhos, mas ao mesmo tempo muito real e triste de ver. **ACORDE!**

Valorize sua família e amigos. Eles são sua fonte constante de amor e apoio mútuo, o que aumenta sua autoestima e melhora sua autoconfiança.

Responda às seguintes perguntas:

Como você vai encontrar mais tempo para sua família? (Dica: use as Dicas de Gerenciamento de Tempo deste livro).

O que você deixará de fazer para encontrar mais tempo?

86
Não seja escravo do seu telefone

> " Os homens se tornaram as ferramentas de suas ferramentas."
> Henry David Thoreau

Voltando ao pai ocupado mencionado no último capítulo, esta dica vem a calhar. **Não atenda o telefone sempre que ele tocar;** seu telefone deve servir para SUA conveniência, não para aqueles que ligam para você. Dê a si mesmo a liberdade de continuar o que você está fazendo e deixe a chamada ir para a caixa de mensagens. Algum tempo atrás eu sempre ficava muito ansioso quando não atendia ligações. **Eu achava que tinha perdido alguma coisa.** Meu colega de quarto Pol era muito mais tranquilo em relação a isso. Ele só atendia o telefone quando queria, quando sentia vontade, e, se não sentisse, ele apenas continuava a fazer o que estava fazendo sem se preocupar. Eu comecei a gostar da ideia e a trabalhar na adaptação dessa mentalidade "Zen", dizendo a mim mesmo que "A pessoa vai ligar novamente". Eu também aprendi que, se for uma ligação realmente importante, quem está ligando não vai desistir e provavelmente ligará cinco vezes em 3 minutos.

Passo para ação:

Experimente! Não seja escravo do seu telefone e aproveite a caixa de mensagens.

87 Como lidar com problemas

❝ Todo problema tem as sementes de sua própria solução. Se você não tiver nenhum problema, não receberá sementes."

Norman Vincent Peale

Você tem muitos problemas? Parabéns!!! E eu não estou brincando! Você tem muitas oportunidades de crescer, porque um problema é sempre uma oportunidade de crescer pelo aprendizado nele contido! Então vamos dar uma olhada melhor nisso. Há mais de 20 anos, quando comecei a trabalhar na Disneyworld, em Orlando, nós, os novatos, aprendemos que a palavra "problema" não existe no vocabulário de um membro da equipe da Disney: "Não temos problemas, só temos **desafios** aqui".

Dr. Lair Ribeiro escreveu que "Seus problemas são seus melhores amigos", e o guru da liderança Robin Sharma pede que vejamos nossos problemas como bênçãos! Então, o que são os problemas agora? Desafios, bênçãos, amigos? Ou todos os três? A vida não é apenas enfrentar um problema após o outro? O que faz toda a diferença é como você o enfrenta e como aprende com ele! Quando você começa a aprender com seus problemas, a vida fica muito melhor. Olhe para os problemas que você teve na vida. Não é verdade que cada um deles teve algo positivo?

Talvez uma perda nos negócios tenha poupado você de uma perda ainda maior, porque você aprendeu com isso. Em tempos difíceis, pode ser muito benéfico para você acatar à crença de que a vida/Deus/o universo só coloca um problema no seu caminho se você for capaz de resolvê-lo!

Responda às seguintes perguntas:

Que problemas você tem em sua vida agora para os quais ainda não encontrou uma solução?

Faça uma lista de todos esses problemas.

O que mudaria se você visse esses problemas como desafios ou até oportunidades? Como isso faria você se sentir?

88
Tire uma folga

> " A vida é mais do que
> aumentar sua velocidade."
>
> Mahatma Gandhi

Com a vida estressante e intensa que estamos vivendo, torna-se ainda mais importante diminuir o ritmo e fazer uma pausa!

Tire um tempo de folga. Recarregue as suas baterias ficando mais perto da natureza.

Você pode começar agendando um tempo para relaxar na semana, um tempo que, agora, esperamos que você esteja reservando (veja o Capítulo 22, "Gerencie seu tempo"). Para isso, comece nos finais de semana em que você esteja completamente desconectado da internet, TV e de seus jogos eletrônicos. Uma das minhas melhores férias – se não a melhor – foi em uma casa flutuante no canal Midi, no sul da França. Sem telefone celular, sem internet, sem TV. Apenas patos. Os barcos iam a uma velocidade máxima de 8 km/h, então fomos literalmente "forçados" a desacelerar. Além disso, quando você está no canal, as crianças de bicicleta ultrapassam você em uma das margens. Os vilarejos pelos quais você passa são às vezes tão pequenos que sequer possuem comércio. Então toda a viagem se resume à pergunta: "Onde conseguiremos comida?". Não se preocupe! Sempre há um restaurante por perto, mas o mais charmoso é fazer suas refeições no barco e jantar no porto assistindo ao pôr do sol, ou apenas estar perto da natureza. Uma vez, jantamos no meio de um vinhedo! Impagável! Assim como entrar em uma pequena vila francesa pela manhã e pegar sua baguete para o café na única padaria da cidade. Levantávamos ao nascer do sol e íamos dormir dois jogos de xadrez depois do entardecer. Ou, como descrevemos depois, "Acordávamos com os patos e íamos dormir com os patos". "Tire um tempo livre e conecte-se com a natureza! Não precisa ser uma viagem longa. Ande na floresta, na praia ou em um parque sempre que tiver a chance e observe como você se sente depois. Ou simplesmente deite-se em um banco ou na grama e contemple o céu azul. Quando foi a última vez que você andou descalço na grama ou na praia? Você entendeu a ideia de como é importante relaxar, se reenergizar e tirar uma folga? Espero que sim!

O que você vai fazer?

Passo para ação:

Separe um tempo de relaxamento na sua agenda agora mesmo!

89 Um ponto alto todos os dias

> " Eu acredito que a chave da felicidade é ter alguém para amar, algo para fazer, e algo pelo que esperar."
>
> Elvis Presley

Não deixe que a rotina e o tédio tomem conta da sua vida. Crie coisas pelas quais você anseie depois de um dia intenso no trabalho, em vez de apenas acabar na frente da TV todas as noites. Aqui estão alguns exemplos:

- Reserve um tempo só para você.
- Dê um passeio em meio à natureza com seu cônjuge.
- Tome um banho de espuma ou faça um dia de spa.
- Celebre algo: um bom trabalho, família, vida!
- Telefone para um amigo.
- Leve alguém para almoçar.
- Receba uma massagem.
- Vá tomar uma bebida.
- Vá ao cinema/teatro/show.
- Faça uma manicure/pedicure.
- Faça uma noite de cinema em casa.
- Assista ao nascer do sol etc.

Lembre-se de reservar um tempo para seus momentos especiais em sua agenda!

90
Saia da sua "zona de conforto"

> " Ao sair da sua zona de conforto, o que antes era desconhecido e assustador se torna seu novo normal."
>
> Robin Sharma

> " Pode-se optar por voltar à segurança ou avançar em direção ao crescimento. O crescimento deve ser escolhido todas as vezes; o medo deve ser superado todas as vezes."
>
> Abraham Maslow

Você já ouviu falar do ditado "A mágica acontece fora da sua zona de conforto?"

Mas... afinal, o que é a zona de conforto? A seguinte metáfora a descreve muito bem: se você colocar um sapo em uma panela com água fervente, ele salta para fora! Mas se você colocar um sapo em uma panela e começar a aquecer a água gradualmente, ele não reagirá e morrerá na água fervente! E é isso que acontece com muitas pessoas que estão presas em sua zona de conforto sem ao menos saberem disso.

Sua zona de conforto é o limite da sua experiência atual. É o que você está acostumado a fazer, pensar ou sentir com base no seu nível atual de conhecimento. Ela é agradável e aconchegante e nela sabemos, na maior parte do tempo, o que vai acontecer. Na zona de conforto, você vive a vida no piloto automático. É também permanecendo nela que a mudança não acontece. O crescimento pessoal e o desenvolvimento acontecem fora da sua zona de conforto. Então, se deseja mudar de emprego, abrir uma empresa, ser criativo, sair de um relacionamento que estagnou, você precisa sair da sua zona de conforto. Infelizmente, é mais confortável ficar onde está, com sua mente fazendo de tudo para mantê-lo lá! Quando estava preso em um trabalho de que não gostava mais, eu me pegava dizendo o tempo todo: "Bem, não é tão ruim, poderia ser pior. Quem sabe, talvez, em outro emprego eu estivesse ainda pior". E assim continuei em um trabalho que não fazia mais sentido para mim dia após dia. Na segunda-feira, eu já estava ansioso para a chegada da sexta-feira, e quando voltava das minhas férias, já estava ansioso pelas próximas. Você consegue imaginar isso? Eu deveria ter visto o discurso de Steve Jobs em Stanford alguns anos antes. Jobs tinha uma ótima técnica: todos os dias ele se olhava no espelho e perguntava a si mesmo: "Se este fosse meu último dia na Terra, eu faria o que estou fazendo hoje?", e se ele respondia "não" a si mesmo por muitos dias seguidos, ele mudava! Tenha cuidado se você for usar essa técnica, **porque quando você começa a se perguntar, tudo muda.** Quando você sai da sua zona de conforto e começa a se aventurar em direção ao desconhecido, começa a crescer. **Você começará a se sentir desconfortável e estranho. Esse é um ótimo sinal! Na verdade, é um sinal de que você está crescendo e seguindo em frente.** Aja apesar do medo e da dúvida!

Responda às seguintes perguntas:

Como você pode se desafiar a sair da sua zona de conforto? (Lembre-se, pequenos passos!)

Existe alguma coisa que lhe deixa desconfortável e que você possa fazer AGORA?

91
Que preço você está pagando por NÃO mudar?

> " O preço de fazer a mesma coisa de sempre é muito mais alto do que o preço de mudar."
> Bill Clinton

Outra pergunta que me forçou a sair da minha zona de conforto quando eu estava avaliando minha situação foi: **"Qual é o preço que eu estou pagando por não estar agindo?"**. Eu estava no caminho do esgotamento físico e mental. Claro que era muito arriscado simplesmente me afastar do meu trabalho seguro, enfrentando a pior crise econômica que o mundo tinha visto, mas qual era o preço que eu estava pagando para ficar? Sérios problemas de saúde? Não, obrigado, amigo! Estou fora daqui. Desde então eu nunca me arrependi.

Muitos anos atrás, meu chefe na Volkswagen, no México, se aproximou de mim – o estagiário – e disse: "Marc, eu não sei mais o que fazer. Estou à beira de um colapso por causa do estresse, mas tenho um contrato de expatriado de três anos e, se eu o quebrar, serei visto como um fracasso na sede na Alemanha. O que você faria?" Eu disse a ele: "Olha, sua saúde é a coisa mais importante que você tem. Se este trabalho afetar sua saúde, vá embora. Porque, se você sofrer um ataque cardíaco e morrer, as pessoas que agora estão lhe dando muito trabalho dirão, no seu velório, na frente de sua esposa e filhos, que você foi um grande cara. Estou falando pela minha própria experiência pessoal: as pessoas que mais assediavam meu pai em seu trabalho, de fato quiseram falar dele em seu enterro! Inacreditável! Por enquanto eu aguentaria para ver o que acontece, porque realmente acredito que a vida é um milagre, tudo acontece por uma razão e no final tudo sempre vai dar certo!" Dois meses depois, ele entrou em contato comigo. Ele ainda mantinha seu contrato, mas tinha voltado para a Alemanha e estava trabalhando em um novo projeto com condições muito melhores de trabalho! A vida é um milagre – sempre dá certo no final! **Mas sempre há um preço que você paga e é sua decisão querer pagar e viver com as consequências.**

O preço que você paga se quiser entrar em forma é fazer exercícios. O preço que você paga por não se exercitar é ficar sedentário ou acima do peso. Se você quiser mais tempo, o preço é acordar uma hora antes ou assistir menos TV. O preço que você paga pela procrastinação é ficar ansioso e sentir-se mal. **Escolha seu sofrimento sabiamente!**

Pergunta:

Você está pagando um preço por fazer a mesma coisa de sempre?

As coisas são apenas temporárias

> "Você não pode ligar os pontos olhando para a frente; você só pode conectá-los olhando para trás. Então você tem que confiar que os pontos de alguma forma se conectarão no futuro."
>
> Steve Jobs

> "Não importa a lentidão com que você avança, desde que não pare."
>
> Confúcio

Tudo é temporário. Todos os triunfos, derrotas, alegrias, tristezas que acontecem em nossa vida passam. O que parece ser muito importante hoje não será mais importante em um ou três meses. **E o que parece ser um desastre hoje pode ser uma ótima experiência de aprendizado daqui a três meses.** Quando passei mais de nove meses sem emprego, logo depois de terminar a faculdade e ser rejeitado por tantas empresas que nem me lembro, todos os meus amigos estavam com pena de mim e, acima de tudo, eu sentia pena de mim mesmo, mas, de alguma forma, no fundo, eu sabia que **toda a rejeição era porque algo melhor estava esperando por mim.** No final, comecei a trabalhar em Barcelona, uma das mais belas cidades do mundo, com muita cultura, praias, um clima fantástico, um ótimo time de futebol e cerca de 300 dias de sol por ano (algo muito importante para mim naquele momento). Meus amigos deixaram de sentir pena e passaram a sentir inveja, passaram do "coitado do Marc" para "o safado do Marc"! Olhe para a vida com um pouco mais de facilidade e sobriedade, sabendo que os infortúnios passam. Ou como Rudyard Kipling em seu fantástico poema "IF" diz: "Se você encontrar o Triunfo e o Desastre e tratar esses dois impostores da mesma forma; [...] sua é a Terra e tudo o que está nela, e – mais importante – você será um Homem, meu filho!"

Mantenha sua atenção no que deseja e siga em frente. Você se lembra do ditado: "Em 6 meses, vamos rir disso!"? **Por que não rir agora?** Essa frase me ajudou enquanto eu cursava a matéria de Negócios Internacionais. Eu lembro de muitas noites, vésperas das provas, às 3 da manhã – algumas horas antes da prova – quando eu estava totalmente estressado no dormitório do meu amigo Jorge e à beira de um colapso (falhar nessas provas significaria abandonar a faculdade ou, pior ainda, ser rejeitado...) e ele sempre ria e dizia: "**Marc, em 6 meses vamos rir da noite de hoje!**" Na verdade, ainda agora – 20 anos depois – ainda rimos dessas histórias. Experimente essa técnica! Espero que ajude você como me ajudou!

Passo para ação:

1. Pense em outros momentos difíceis da sua vida e como você conseguiu sair deles, chegando até a encontrar coisas positivas na situação depois de um tempo.

Mapeando a vida:

1. Faça uma linha do tempo da sua vida. Desde o nascimento até agora. Marque todos os acontecimentos importantes da sua vida na linha. Todos e quaisquer momentos que mudaram sua vida.
2. Escreva todos os grandes momentos, os sucessos, acima da linha do tempo.

3. Escreva todos os desafios, as tragédias, e as falhas abaixo da linha do tempo.

4. Analise os acontecimentos abaixo da linha e escreva os efeitos positivos deles acima da linha.

(Por exemplo, alguém próximo a você morreu. Pode ser positivo que você valorize mais sua vida. Ou talvez você tenha sido demitido de um emprego. Isso abriu as portas para um trabalho ainda melhor do que você tem hoje.)

93 Encontre um coach!

> " Aproveite ao máximo... porque isso é tudo que há sobre você."
>
> Ralph Waldo Emerson

Depois de ter um enorme impacto na vida empresarial, o coaching também está se tornando cada vez mais disponível para as pessoas na forma de life coaching. Muitas pessoas têm o conceito errado de que um coach só é necessário quando algo está errado, mas pessoas como Eric Schmidt, na verdade, contratam coaches para melhorar ainda mais ou para ter um parceiro neutro e objetivo com quem possam trocar ideias e que os mantenha com os pés no chão. Um coach pode ajudar você a ter clareza sobre o que realmente deseja na vida, pode auxiliá-lo a seguir em frente quando você parar, pode ajudar a definir melhores e mais gratificantes objetivos, obter resultados com mais facilidade e rapidez, superar o medo, comunicar-se de maneira muito mais eficaz, ter uma experiência pessoal de desenvolvimento mais rápido, superar hábitos de sabotagem, encontrar o seu verdadeiro propósito e viver alinhado com seus valores. Durante o processo de coaching, você aprenderá a assumir a responsabilidade por tudo o que acontece na sua vida e a tomar melhores decisões. O coaching traz grandes resultados porque você e seu coach se tornam um time, concentrando-se em seus objetivos e realizando mais do que você faria sozinho. Você toma mais atitudes, pensa grande e realiza o trabalho, em decorrência da confiança que o coach passa. Um coach sabe como ajudar você a tomar decisões melhores, definir as metas mais apropriadas, bem como reestruturar sua vida pessoal e profissional para a máxima produtividade. O coaching funciona porque traz à tona o melhor de você. Um coach é treinado para ajudá-lo a encontrar suas melhores respostas e apoiará você no decorrer desse processo. O coaching geralmente é realizado em sessões semanais regulares por telefone, skype ou pessoalmente, sessões com duração de 30 a 60 minutos.

Em todas as sessões, o coach e o coachee trabalham nos objetivos do coachee, criando opções e definindo um plano de ação para os próximos passos dele.

Enquanto trabalha para o alcance da meta de seu cliente, o coach também trabalha para o desenvolvimento pessoal desse cliente.

Você pode encontrar coaches, por exemplo, nos diretórios on-line do Coach U ou da International Coach Federation (ICF). A maioria dos coaches oferece sessões de estratégia complementares. É assim que você e seu coach se conhecem e descobrem se estão confortáveis trabalhando juntos. A química é crucial em um relacionamento de coaching. **Não há garantia de que o coaching funcione. Seu sucesso depende de você!** Pela minha experiência, posso dizer que os coachees que participam de suas sessões, estão comprometidos com seu processo e realizam seu trabalho acabam tendo sucesso em seus empreendimentos. É por isso que até ofereço uma garantia de devolução do dinheiro em 30 dias (com base em algumas regras básicas).

94 Viva sua vida plenamente. AGORA!

> "Não viva no passado, não sonhe com o futuro, concentre a mente no momento presente."
> Buda

A maioria de nós vive como se tivesse todo o tempo do mundo! Estamos tão ocupados indo atrás dos grandes prazeres da vida que esquecemos dos pequenos. Quando você começará a se cuidar melhor, a se exercitar, aprender algo novo, fazer as coisas que sempre quis, passar mais tempo com sua família? Amanhã? Semana que vem? Na próxima segunda-feira? No próximo mês? Quando você ganhar na loteria? Quando tiver outro trabalho? Quando o próximo projeto terminar? Sim, eu sei. Há tantas outras coisas que precisam ser feitas agora. Você simplesmente não tem tempo agora! Muitas pessoas só descobrem o sentido da vida quando já é tarde demais e elas estão prestes a morrer. Bronnie Ware, uma enfermeira australiana que acompanhou moribundos, anotou seus cinco maiores arrependimentos:

1. Eu gostaria de ter tido a coragem de viver uma vida fiel a mim mesma, não a vida que os outros esperavam que eu vivesse.
2. Eu gostaria de não ter trabalhado tanto.
3. Gostaria de ter tido a coragem de expressar meus sentimentos.
4. Gostaria de ter mantido contato com meus amigos.
5. Eu gostaria de ter me permitido ser mais feliz.

Não espere mais. Viva sua vida plenamente. AGORA! Lembre-se de que o fracasso é apenas feedback, que problemas são oportunidades para crescer. Faça as coisas que você sempre quis fazer. Deixe de adiá-las. Não lute contra a vida! Deixe fluir, porque como Paulo Coelho z: "**Um dia você acordará e não haverá *mais tempo* para fazer as coisas que sempre quis fazer. Faça agora**".

Steve Jobs disse desta maneira:
"Lembrar que em breve estarei morto é a ferramenta mais importante que já encontrei para me ajudar a fazer as grandes escolhas na vida. Quase todas as coisas – todas as expectativas externas, todo o orgulho, todo o medo de vergonha ou fracasso – simplesmente desaparecem diante da morte, deixando apenas o que é verdadeiramente importante.

Lembrar que você vai morrer é a melhor maneira que eu conheço para evitar a armadilha de pensar que você tem algo a perder. Você já está nu. Não existe razão para não seguir o seu coração. Ninguém quer morrer. Nem mesmo as pessoas que pretendem ir para o céu não querem morrer para chegar lá. E ainda assim a morte é o destino que todos compartilhamos. Não há ninguém que já tenha escapado, e é assim que deve ser, porque a morte é, muito provavelmente, a melhor invenção da vida. É o agente de mudança da vida. Ela remove o antigo para dar lugar ao novo."

Todo dia traz consigo oportunidades para você se aproximar do que quer, todos os dias contribuem para o resultado final. Não deixe essas oportunidades passarem. **Não leva meses ou anos para mudar sua vida; você muda passo a passo, dia a dia – começando AGORA!** Os resultados, no entanto, você verá por meses e anos.

Faça um favor a si mesmo e COMECE A VIVER AGORA: não depois que os filhos saírem de casa, depois que terminar o próximo projeto, depois que adquirir um carro novo, depois que se mudar para a nova casa, ou depois que conseguir um emprego melhor. Não seja uma daquelas pessoas que dizem que não têm tempo, mas passam 30 horas por semana em frente à TV, jogando videogame ou saindo para beber.

Faça o que você sempre quis fazer AGORA. Faça planos AGORA!

Liste 5 coisas que você sempre quis fazer e defina uma data:

1. _____ Data: _____
2. _____ Data: _____
3. _____ Data: _____
4. _____ Data: _____
5. _____ Data: _____

Preciso da sua ajuda

Muito obrigado por ler meu livro!

Eu valorizo muito o seu feedback e adoro ouvir o que você tem a dizer.

Sua opinião é importante para que eu torne meus próximos livros ainda melhores.

Se você gostou do livro, seja gentil e deixe uma crítica honesta na Amazon! Realmente ajuda outras pessoas a encontrarem o livro!

Cinco estrelas seria ótimo ;-)

Muito obrigado!
Marc

Uma última coisa...

Se você foi inspirado por *30 DIAS* e quer ajudar outras pessoas a alcançarem seus objetivos e melhorarem suas vidas, aqui estão alguns passos para ação que você pode dar imediatamente para fazer uma diferença positiva:

- ▶ Ofereça *30 dias para mudar seus hábitos e sua vida* para amigos, familiares, colegas e até estranhos, para que eles também possam aprender a alcançar seus objetivos e ter uma vida ótima.
- ▶ Diga o que pensa sobre este livro no Twitter, Facebook e Instagram ou escreva uma resenha do livro. Ajude outras pessoas a encontrarem o *30 dias*.
- ▶ Se você é proprietário de uma empresa ou gerente – ou mesmo que não seja – entregue algumas cópias para sua equipe ou funcionários e melhore a produtividade da sua empresa.

Leve as etapas simples de *30 dias* para sua empresa

Ajude cada membro da sua empresa a ter sucesso. É o presente ideal para inspirar seus amigos, colegas e membros da equipe a atingirem seu potencial máximo e realizarem mudanças reais e sustentáveis.

Entre em contato com marc@marcreklau.com

Para reservar uma apresentação com base em *30 dias* ou no meu último livro, *Destination Happiness*, escreva um e-mail para marc@marcreklau.com

Sobre o autor

Marc Reklau é coach, palestrante e autor de 7 livros, incluindo o livro que está na lista de mais vendidos da Amazon, *30 dias para mudar seus hábitos e sua vida*, que desde abril de 2015 foi vendido e baixado mais de 180.000 vezes e traduzido para os idiomas espanhol, alemão, japonês, tailandês, indonésio, português e coreano.

Ele escreveu o livro em 2014, depois de ser demitido de seu emprego, e literalmente passou de desempregado para autor de best-seller – que é, na verdade, o título de seu segundo livro.

A versão em espanhol de seu último livro, *Destination Happiness*, foi publicada pela editora Planeta da Espanha em janeiro de 2018.

A missão de Marc é capacitar as pessoas para criarem a vida que desejam e fornecer a elas recursos e ferramentas para que isso aconteça.

Sua mensagem é simples: muitas pessoas querem mudar as coisas em suas vidas, mas poucas estão dispostas a fazer um conjunto simples de exercícios de modo constante durante um período. Você pode planejar e criar sucesso e felicidade em sua vida, adquirindo hábitos que o ajudem no caminho para suas metas.

Se você quiser trabalhar com Marc, entre em contato diretamente com ele em sua página na internet www.marcreklau.com, onde também encontrará mais informações sobre ele.

fontes
Gelasio e Klavika

@novoseculoeditora
nas redes sociais

gruponovoseculo
.com.br